GIUSEPPE CATOZZELLA, geboren 1976, arbeitete nach seinem Studium als Journalist für verschiedene Zeitungen und Zeitschriften. Daneben schrieb er erste Gedichte und veröffentlichte literarische Texte. 2011 erregte sein Roman »Alveare«, in dem er die Machenschaften der ’ndrangheta in Mailand beschreibt, in seinem Heimatland großes Aufsehen. Sein Roman über die tragische Geschichte der somalischen Läuferin Samia war in Italien ein Bestseller.

Mit Träumen im Herzen in der Presse:

»Catozzella erschafft eine Welt, die du beobachtest, die dich verletzt. Aber in dem Moment, in dem du merkst, dass auch du zu dieser Welt gehörst, wird dir klar, dass dieses Buch dich bereits verändert hat.«

Roberto Saviano

»Endlich! Giuseppe Catozzellas Buch ist genau die Literatur, die es braucht, um die großen Dramen unserer Zeit zu erzählen.«

Erri De Luca

»Catozzella erzählt Samias Geschichte ohne Pathos und Kitsch.«

Die Presse am Sonntag

»Dieses Buch beruht auf der großen Vorstellungskraft von Giuseppe Catozzella, der es schafft, sich in ein somalisches Mädchen einzufühlen.«

Frankfurter Rundschau

ıin-verlag.de

Giuseppe Catozzella

Mit Träumen im Herzen

Roman nach einer wahren Geschichte

Aus dem Italienischen von Myriam Alfano

PENGUIN VERLAG

Die italienische Originalausgabe erschien 2014 unter dem Titel
»Non dirmi che hai paura« bei Giangiacomo Feltrinelli Editore, Mailand.

Die deutsche Erstausgabe erschien 2014 unter dem Titel
»Sag nicht, dass du Angst hast« beim Albrecht Knaus Verlag, München.

FSC
www.fsc.org
MIX
Papier aus verantwortungsvollen Quellen
FSC® C014496

Verlagsgruppe Random House FSC® N001967

PENGUIN VERLAG

1. Auflage 2017

Umschlaggestaltung: Cornelia Niere, München
Umschlagmotiv: Nick Purser/Gettyimages
Satz: Uhl + Massopust, Aalen
Druck und Bindung: GGP Media GmbH, Pößneck
Printed in Germany
ISBN 978-3-328-10059-1
www.penguin-verlag.de

Dieses Buch ist auch als E-Book erhältlich.

I

An dem Morgen, an dem Alì und ich Bruder und Schwester wurden, war es glühend heiß und wir standen im schmalen Schatten einer Akazie.

Es war ein Freitag, der wöchentliche Feiertag. Der Lauf war lang und anstrengend gewesen, wir waren beide nassgeschwitzt: Von Boondheere, wo wir wohnten, waren wir bis zum Koonis-Stadion gelaufen, ohne ein einziges Mal anzuhalten. Sieben Kilometer durch enge, versteckte Gassen, die Alì wie seine Westentasche kannte, unter einer Sonne, die die Steine zum Schmelzen brachte.

Zusammen waren wir sechzehn Jahre alt, jeder acht, unsere Geburtstage lagen drei Tage auseinander. Wir konnten gar nichts anderes sein als Bruder und Schwester, da hatte Alì recht, und dabei stammten wir aus zwei Familien, die eigentlich nicht einmal miteinander reden durften. Stattdessen wohnten sie im selben Haus und teilten seit jeher alles miteinander.

Bis zum Po mit dem feinen weißen Straßenstaub bedeckt, der in dieser Gegend beim geringsten Windhauch aufwirbelt, wollten wir uns unter der Akazie kurz ausruhen und abkühlen, als Alì plötzlich mit dieser Sache von der *abaayo* anfing.

»Willst du meine *abaayo* sein?«, fragte er mich noch keuchend, die Hände in die knochigen schmalen Hüften gestützt. Seine kurze blaue Hose hatten vor ihm schon alle seine Brüder getragen. »Willst du meine Schwester sein?«

Du kennst jemanden ein Leben lang, aber von einem bestimmten Moment an ist dieser Jemand, wenn er ein wichtiger Mensch für dich ist, dein Bruder oder deine Schwester. Ein einziges Wort verbindet beide dann ein ganzes Leben lang.

Ich sah ihn bloß schief an.

»Nur wenn du mich fängst«, stieß ich hervor und rannte wieder los, in Richtung nach Hause.

Alì musste alles gegeben haben, denn schon nach wenigen Schritten erwischte er mich am T-Shirt und brachte mich ins Stolpern. Wir fielen der Länge nach hin; er auf mich, und sofort klebte der Staub überall auf unserer verschwitzten Haut und den dünnen Kleidern. Es war fast Mittag, kein Mensch unterwegs. Ich versuchte nicht, mich zu befreien, wehrte mich nicht. Es war ein Spiel.

»Also?«, fragte er mit ernster Miene, und ich spürte seinen warmen Atem auf meinem Gesicht.

Ich sah ihn nicht an, kniff nur angewidert die Augen zusammen.

»Du musst mir einen Kuss geben, wenn du mein Bruder sein willst. Du kennst doch die Regeln.«

Alì machte sich lang wie eine Eidechse und drückte mir einen feuchten Kuss auf die Wange.

»*Abaayo*«, sagte er. Schwester.

»*Aboowe*«, antwortete ich. Bruder.

Wir standen auf, und los ging es.

Wir waren frei, hatten die Freiheit zu laufen.

Zumindest bis nach Hause.

Unser Haus war kein Haus im üblichen Sinne, nicht schön oder komfortabel. Es war klein, winzig klein. Zwei Familien lebten dort, meine und Alìs, im selben Hof, umgeben von einer Lehmmauer. Unsere Zimmer lagen einander gegenüber, jeweils am anderen Ende des Hofs. Wir wohnten auf der rechten Seite und hatten zwei Zimmer, eins für mich und meine sechs Geschwister und eins für unsere Eltern. Die Wände bestanden aus einer Mischung aus Lehm und Reisig, die in der Sonne steinhart wurde. Als wollte es uns von unseren Eltern trennen, lag zwischen unseren beiden Zimmern das Zimmer der Hausbesitzer, der Familie Omar Sheikh – ein dicker Mann mit einer noch viel dickeren Frau. Kinder hatten sie keine. Sie wohnten eigentlich an der Küste, aber hin und wieder verbrachten sie eine Nacht hier, und wenn sie da waren, machte alles viel weniger Spaß. »Hebt euch eure Späße bis übermorgen auf«, sagte Said, mein ältester Bruder, wenn sie im Anmarsch waren, und meinte damit den Tag ihrer Abreise.

Alì hingegen wohnte mit seinem Vater und seinen drei Brüdern in einem einzigen Zimmer, das direkt an der Mauer auf der linken Seite lag.

Das Schönste war unser großer Hof, in dem ein einzelner riesiger Eukalyptusbaum stand. Der Hof war so groß, dass alle unsere Freunde immer zu uns zum Spielen kommen wollten. Im Haus und überall sonst war der Boden aus der weißen Erde, die in Mogadischu durch alle Ritzen dringt. Im Schlafzimmer zum Beispiel hatten wir Strohmatten unter die Matratzen gelegt, aber das nützte nicht viel: Said und Abdi, meine beiden ältesten Brüder, mussten sie alle zwei Wochen draußen ausklopfen, so fest sie konnten, um auch noch das letzte Staubkorn loszuwerden.

Der dicke Omar Sheikh hatte das Haus vor vielen Jahren selbst gebaut, höchstpersönlich. Und er hatte es genau an dieser Stelle haben wollen, rund um den majestätischen Eukalyptusbaum. Schon als Kind war er jeden Tag an ihm vorbeigelaufen und hatte sich in den Baum verliebt, zumindest erzählte er uns das immer und immer wieder mit seiner komischen Fistelstimme. Schon damals war der Eukalyptusbaum groß und stark gewesen, und er hatte gedacht: Hier soll mal mein Haus stehen. Dann begannen, unter der Herrschaft des Diktators, die Probleme mit den Geschäften, und es sah aus, als würde es Krieg geben; also zog er lieber an einen ruhigeren Ort und vermietete die drei Zimmer an unsere beiden Familien, an meine und an die von Alì.

Ganz hinten, in der Nähe von Alìs Zimmer, war die Hütte mit dem Gemeinschaftsklo. Ein winziges Kabuff aus Bambusrohren mit einem stinkenden Loch in der Mitte, wo wir unsere Notdurft verrichteten.

Unser Zimmer war vier Mal vier Meter groß, mit sieben Matratzen auf dem Boden. In der Mitte schliefen die Jungs, am Rand wir vier Mädchen, Ubah und Hamdi an der linken Wand, Hodan, meine Lieblingsschwester, und ich an der rechten. In der Mitte thronte, wie ein ewig über uns wachendes Feuer, der unvermeidliche *ferus*, die Petroleumlampe, ohne die Hodan niemals bis tief in die Nacht hinein hätte lesen oder ihre Lieder schreiben können und ohne die Shafici, unser jüngster Bruder, nicht die Schattenfiguren an die Wand hätte zaubern können, über die wir uns schieflachten, so plump und misslungen waren sie.

»Toll, dein Schattentheater, sehr fantasievoll«, sagte Said immer zu ihm.

Zu siebt in das kleine Zimmer gepfercht, amüsierten wir

uns also jeden Abend vorm Einschlafen prächtig und versuchten, unsere Eltern nicht zu sehr zu stören – und auch Yassin nicht, Alìs Vater, der mit Alì und den anderen drei Söhnen gegenüber schlief. Nur ein paar Schritte von mir entfernt. Drei Tage lagen zwischen Alìs und meinem Geburtstag und nur wenige, ganz wenige Schritte trennten uns voneinander.

Seit wir auf der Welt waren, teilten Alì und ich jeden Tag das Essen und die Toilette miteinander. Und natürlich auch die Träume und Hoffnungen, die beim Essen und Kackamachen entstehen, wie *aabe*, mein Vater, immer sagte.

Unsere Welt war vollkommen, nichts hätte uns auseinanderbringen können. Auch wenn er ein *daarood* war und ich eine *abgaal*, die beiden Clans, die acht Wochen vor unserer Geburt anfingen, sich zu bekriegen, im März 1991.

Unsere Mütter brüteten uns Letztgeborene aus, während die Clans den Krieg, unseren großen Bruder, ausbrüteten, sagten meine Eltern immer. Ein böser Bruder, aber doch jemand, der dich in- und auswendig kannte, der genau wusste, wie leicht er dich glücklich oder traurig machen konnte.

Es war verboten, wie Alì und ich im selben Haus zu wohnen. Wir hätten einander hassen müssen, wie alle anderen Abgaal und Daarood einander hassten. Aber so war es nicht. Wir hatten immer unseren eigenen Kopf, auch beim Essen und beim Austreten.

An dem Morgen, an dem Alì und ich Bruder und Schwester wurden, hatten wir für den jährlichen Stadtlauf in Mogadischu trainiert. Bis dahin waren es noch zwei Wochen, was mir ewig vorkam. Der Tag des Wettlaufs war für mich der wichtigste des Jahres. Freitags war

Feiertag und es galt Waffenruhe, man konnte also unbesorgt draußen sein und durch die Straßen der Stadt laufen, wo alles so weiß war.

Alles war weiß in Mogadischu.

Die Mauern der mit Einschusslöchern übersäten oder durch Handgranaten halb eingestürzten Gebäude waren fast alle weiß oder grau oder ockerfarben oder gelblich. Jedenfalls hell. Auch die ärmsten Häuser, wie unseres, aus Lehm und Reisig, wurden schnell weiß wie der Straßenstaub, der sich auf die Fassaden legte und auf alles andere.

Wenn man in Mogadischu rannte, wirbelte man eine feine Staubwolke hinter sich auf. Alì und ich zogen zwei Wolken hinter uns her, die ganz langsam zum Himmel aufstiegen und dann verschwanden. Wir liefen immer dieselbe Strecke, die Straßen waren zu unserem persönlichen Trainingsplatz geworden.

Wenn wir an den Buden vorbeiliefen, vor denen die Alten saßen und Karten spielten oder *shaat* tranken, landete unser Staub in ihren Gläsern. Immer. Wir machten das mit Absicht. Sie standen dann auf und taten so, als würden sie uns hinterherlaufen, aber wir gaben Gas, in Sekundenschnelle hatten wir sie abgehängt und noch mehr Staub aufgewirbelt. Für uns war es ein Spiel, wir hatten unseren Spaß und sie auch ein bisschen. Wir mussten allerdings aufpassen, wo wir hintraten, denn abends wurde der Müll auf der Straße verbrannt, und am nächsten Morgen lag überall verkohltes Zeug herum. Benzinkanister, Öldosen, Reifenteile, Bananenschalen, Glasscherben, einfach alles. Beim Laufen sahen wir in einiger Entfernung immer viele rauchende Haufen, wie kleine Vulkane kurz vor dem Ausbruch.

Bevor wir in die engen Gassen abbogen, die zu der großen, parallel zum Meer verlaufenden Straße führten, liefen wir immer über Jamaral Daud, eine breite zweispurige Allee, von Akazien gesäumt und mit dem üblichen Staub bedeckt.

Es gefiel uns, wenn der Altar des Vaterlands, das Parlament, die Nationalbibliothek, das Gericht an uns vorbeizogen. Davor versammelten sich die fliegenden Händler: bunte Tücher auf dem Boden, auf denen sie ihre Waren feilboten, Tomaten und Karotten, aber auch Scheibenwischer und andere Gebrauchsgegenstände. Unter den Bäumen hielten sie ihr Nickerchen, bis ein Kunde vorbeikam, und wenn wir vorbeiliefen, starrten sie uns an, als wären wir zwei Marsmännchen. Sie machten sich über uns lustig.

»Wohin so eilig, ihr zwei Rotzlöffel? Heute ist Ruhetag, also gebt Ruhe«, riefen sie uns zu.

»Zu deiner Frau, alte Schlafmütze!«, antwortete Alì. Manchmal warfen sie uns eine Banane hinterher oder eine Tomate oder einen Apfel. Dann blieb Alì stehen, sammelte das Obst auf und rannte blitzschnell weiter.

Der Lauf war ein großes Ereignis, das mir sogar wichtiger vorkam als der 1. Juli, der Tag der Unabhängigkeit von den italienischen Kolonialherren, unser Nationalfeiertag.

Wie immer wollte ich gewinnen, aber ich war erst acht Jahre alt, und alle nahmen teil, auch die Erwachsenen. Beim Lauf im Jahr zuvor war ich Achtzehnte geworden, dieses Mal wollte ich als eine der ersten fünf das Ziel erreichen.

Wenn mein Vater und meine Mutter diesen Ehrgeiz an mir wahrnahmen, den ich schon als kleines Mädchen hatte, versuchten sie herauszufinden, was mir durch den Kopf ging.

»Na? Gewinnst du dieses Mal auch, Samia?«, fragte Aabe Yusuf, mein Vater, ironisch. Er saß im Hof auf seinem Strohstuhl, zog mich zu sich heran und wuschelte mir mit seinen riesigen Händen durch die Haare. Ich hatte Spaß daran, es bei ihm genauso zu machen, und stocherte mit meinen kurzen, dünnen Fingerchen in seiner dichten schwarzen Haarpracht herum oder hämmerte ihm auf die Brust mit dem Hemd aus weißem Tuch. Dann packte er mich und hob mich, groß und stark, wie er war, mit nur einem Arm in die Luft und setzte mich anschließend wieder auf seinen Schoß.

»Ich hab doch noch nie gewonnen, Aabe, aber bald!«

»Du erinnerst mich an eine Gazelle, weißt du? Du bist meine kleine Lieblingsgazelle«, sagte er dann, und wenn ich seine mächtige Stimme so zärtlich werden hörte, bekam ich ganz weiche Knie.

»Aabe, ich bin vielleicht so schnell wie eine Gazelle, aber ich bin doch nicht wirklich eine …«

»Dann lass mal hören: Wie willst du denn gegen die Großen gewinnen?«

»Schneller rennen als sie! Ist doch ganz einfach, Aabe! Vielleicht dieses Mal noch nicht, aber irgendwann bin ich die schnellste Läuferin von ganz Mogadischu.«

Er fing an zu lachen, und wenn *hooyo* Dahabo, meine Mutter, in der Nähe war, lachte sie laut mit. Aber gleich darauf, er hielt mich noch fest im Arm, wurde Aabe schwermütig.

»Irgendwann, ja, ja, kleine Samia. Irgendwann …«

»Doch, Aabe, manche Sachen weiß man einfach. Und ich wusste schon, als ich noch nicht richtig sprechen konnte, dass ich mal Champion werde. Das hab ich mit zwei schon gewusst«, versuchte ich ihn zu überzeugen.

»Glückliche, kleine Samia. Ich wüsste viel lieber, wann dieser verdammte Krieg endlich aufhört.«

Dann stellte er mich zurück auf den Boden und starrte wieder ins Leere.

2

Alì und mich kümmerte der Krieg nicht. Sollten sie sich auf der Straße doch gegenseitig erschießen, uns ging das nichts an. Denn das Wichtigste konnte er uns nicht nehmen: was wir einander bedeuteten.

Doch der Krieg konnte einem so einiges nehmen. Mir nahm er zum Beispiel das Meer. Das Erste, was ich direkt nach der Geburt in der Nase hatte, war der Geruch des Meeres, der die ganze Küstenstraße entlang bis in unseren Hof wehte, das Salz, das ich immer im Haar und auf der Haut spürte, die Feuchtigkeit, die jedes Luftmolekül durchdrang. Dabei hatte ich das Meer nur ein einziges Mal berührt. Ich wusste, dass es Wasser war, dass man nass wurde, wie am Brunnen, wenn man hineinsprang, aber solange ich das nicht gemacht hatte, glaubte ich es nicht.

Manchmal hatte ich den Sand berührt, obwohl ich nicht durfte. Alì und ich schlichen uns nachmittags ab und zu ganz vorsichtig durch all die Gässchen, die nur er kannte, an die endlose Weite des Meeres heran. Versteckt hinter einem Laster oder einem Panzer an der Straße, die den ganzen Strand von Süden nach Norden entlangführt, sahen wir stundenlang den Wellen zu, wie sie kamen und gingen und mit der Sonne spielten, die überall glitzerte. Wir hatten wahnsinnige Lust, uns in die Wellen zu stürzen. Da lag dieses Unermessliche direkt vor unseren Augen, und wir durften nicht hinein.

Zwei oder drei Mal wurde Alì aber doch ungeduldig, ich merkte es, weil er andauernd die Hände aneinanderrieb. Er sah sich um, packte mich am Arm und zischte: »Lauf!« Dann rannten wir über die Straße und setzten uns in den Sand. Vollkommen verrückt, wir hätten erschossen werden können, der Strand gehörte zu den Lieblingsplätzen der Milizionäre, und unter dem offenen Himmel hatten die Gewehrkugeln freie Bahn. Aber wir taten einfach so, als wären wir normale, unbedachte Kinder, die noch wussten, wie man spielte.

Der Sand war warm und fein wie Goldstaub. Kein Mensch weit und breit. Erst rollten wir darin herum, dann balgten wir uns und stopften uns gegenseitig Sand in die Kleider, in die Haare, überallhin. Ich schlug Purzelbäume, und Alì lachte wie ein Irrer, als hätte er den Verstand verloren. Ich hatte ihn noch nie so gesehen, er riss den Mund auf und zeigte seine großen, strahlend weißen Zähne.

»Du siehst aus wie ein mit Maismehl paniertes Fleischbällchen!«, rief er und lachte weiter, mit seinem ulkigen Gesicht, der flachen Nase, den vollen Lippen und seinen kleinen, eng beieinanderliegenden Augen.

»Du bist ein Mais-Fleischbällchen!«, rief er wieder.

Ich wollte mich losmachen, schaffte es aber nicht, er war so viel stärker als ich, obwohl er keine Muskeln hatte, lang war er und ganz sehnig. Während ich versuchte, mich aus seinem Griff zu winden, hielt er mich fest in den Sand gedrückt und tat so, als wollte er mich auf den Mund küssen, mit seinem nach vorn gereckten Schildkrötenkopf. Angewidert warf ich den Kopf nach rechts und links, aber wenn er ganz nah war, küsste er mich nicht, sondern machte nur »Buh!« und pustete mir Sand in die Augen.

Ich hasste ihn.

Ein Mal, nur ein einziges Mal, getrieben von einer Macht, die stärker war als wir, gingen wir ans Wasser. Einen kleinen Schritt nach dem anderen, fast ohne es zu merken.

Eine unglaublich schöne Fläche lag vor uns, wie ein schlafender, tief atmender Elefant. Die langen Wellen machten ein wunderbares Geräusch, wie eine Stimme, sie erinnerten mich an die kleinen Muscheln in dem Schraubglas, die Hooyo von Aabe geschenkt bekommen hatte, als sie verlobt waren, und die sie in einer Holzkommode in ihrem Zimmer versteckte. Manchmal holten wir das Glas heraus und drehten es langsam hin und her, um die Stimme des Meeres zu hören.

Schschhh. Schschhh.

Wir gingen ans Wasser und hielten Hände und Füße hinein. Ich steckte ein paar Finger in den Mund. Salz.

In der Nacht darauf träumte ich von den Wellen. Ich träumte davon, mich in dieser Endlosigkeit zu verlieren, mich wiegen zu lassen, auf und ab, den Launen des Wassers folgend.

Das Meer hatte er mir zum Beispiel genommen, der Krieg. Dafür machte er mir Lust aufs Laufen. Meine Lust zu rennen war so groß wie das Meer. Das Laufen war mein Meer.

Wenn Alì und ich immer so taten, als gäbe es keinen Krieg, dann deshalb, weil ich das Kind von Yusuf Omar war und er das Kind von Yassin Ahmed. Auch sie waren seit ihrer Geburt miteinander befreundet, und auch sie waren zusammen aufgewachsen, in Jazeera, einem Dorf südlich der Stadt. Sie waren in dieselbe Schule gegangen, und auch ihre Väter hatten schon zusammen gearbeitet, zu Zeiten der italienischen Kolonialherren. Und gemeinsam hatten unsere

Väter von ihren Vätern einige Redewendungen in dieser Sprache gelernt. *Was du heut nicht kannst besorgen, verschiebe ruhig auf morgen.* Oder: *Die Welt ist ein Dorf. Hilf dir selbst, so hilft dir Gott.*

Außerdem hatten sie den Satz gelernt: *Würde doch scheffelweise Büffelscheiße auf dich niederprasseln*, in allen Variationen. Ihr italienischer Chef sagte das immer, als sie noch im Hafen arbeiteten und Container ausluden. Eines schönen Tages hatte sich unversehens ein Container über ihm geöffnet, und er wurde unter einem ganzen Schwall Gülle begraben. Seine Geschäfte liefen von da an wie geschmiert, trotzdem hatte er sich angewöhnt, den Spruch wie einen Fluch zu benutzen.

Eine andere Redewendung lautete: *Wir sind alle Söhne desselben Vaterlandes*. Und das sagten sie am liebsten, diese unzertrennlichen Freunde, die wie Pech und Schwefel zusammenhielten.

Genau wie wir.

»Könnte uns irgendwas auseinanderbringen?«, überlegten Alì und ich an manchen glutheißen Nachmittagen, wenn er mir half, auf den Eukalyptusbaum zu klettern, wo wir halbe Tage unter dem kühlen Blätterdach verbrachten und über die Zukunft redeten. Auf dem Baum war es herrlich, wir dachten uns dort eine Welt aus, in der es nur uns zwei und unsere Träume gab.

»Nein!«, antworteten wir abwechselnd. Und dann machten wir den Schwur der Freunde fürs Leben, wir kreuzten die Zeigefinger vor den Lippen, küssten sie, verschränkten sie andersherum und küssten sie noch einmal. Nichts und niemand konnte sich zwischen uns stellen. Darauf hätten wir alles gewettet, selbst unser Leben.

Der Eukalyptusbaum war auch Alìs Lieblingsversteck, wenn er nachmittags keine Lust hatte, lesen zu üben. Obwohl Hodan fünf Jahre älter war als ich, gingen wir jeden Morgen zusammen in die Madrasa-Musjma-Schule, eine Schule für Grund-, Mittel- und Oberstufe. Alì kam nicht mit, sein Vater hatte nie das Geld gehabt, ihn zur Schule zu schicken. Er hatte die erste Klasse der öffentlichen Grundschule besucht, dann war das Gebäude durch eine Granate zerstört worden, und seitdem war er nicht mehr hingegangen. Seit jenem unglückseligen Tag fand der Unterricht im Freien statt, und es war nicht leicht, Lehrer zu finden, die das Risiko in Kauf nahmen, dass ihnen eine Bombe auf den Kopf fallen konnte.

Wer etwas lernen wollte, musste auf eine Privatschule gehen. Unser Vater konnte sich das ein paar Jahre lang leisten und brachte dafür viele Opfer, aber für Yassin war es seit dem Krieg schwierig, sein Obst und Gemüse an den Mann zu bringen. Kaum jemand wollte bei einem »dreckigen Daarood« einkaufen, wie man in Mogadischu sagte.

Alì litt immer darunter, dass wir lesen und schreiben konnten und er nicht. Er fühlte sich dadurch minderwertig, wie überhaupt sein ganzer Clan in unserem Viertel als minderwertig galt. Und das mit dem Lesen war so eine Art Beweis für seine Minderwertigkeit.

Ab und zu versuchten wir, ihm das Alphabet beizubringen, gaben aber jedes Mal schnell wieder auf.

»Konzentrier dich doch, Alì«, sagte Hodan, die sich schon immer gern wie eine kleine Lehrerin benahm, wie ein Kindermädchen.

Er strengte sich an, aber es war zu schwierig. Lesen lernen dauerte lange, man konnte sich nicht einfach mal nachmittags im Hof an den Tisch setzen, an dem Aabe und

Yassin immer Karten spielten, und es versuchen, wenn man sowieso am liebsten in der immer noch heißen Sonne herumtoben wollte. Die Einzige, die sich bei der ganzen Sache irgendwie amüsierte, war Hodan, die Lehrerin spielte und mich und Alì dazu verdonnerte, ihre Schüler zu sein. Ich war immer die Fleißige und er der Faulpelz.

»Ich kann das nicht«, sagte Alì. »Es ist zu schwer. Außerdem ist es mir egal! Was bringt das schon, wenn man lesen kann?«

Ich musste dann die hilfsbereite Kameradin spielen, sonst schimpfte Hodan.

»Komm schon, Alì! So schwer ist es ja gar nicht. Ich hab's doch auch gelernt. Schau mal, das sind die Vokale: A, E, I, O ...«, versuchte ich ihn zu ermutigen.

Er lief weg. Nichts zu machen. Zehn Minuten hielt er durch, bis zu dem Moment, an dem Hodan einen Abschnitt aus einem Buch vorgelesen hatte und er an der Reihe war. Dann war ihm jede Ausrede recht, sich aus dem Staub zu machen. Und wenn Hodan nicht lockerließ, wurde er wütend, kletterte auf den Eukalyptusbaum und kam nicht mehr runter.

Sein Eukalyptusbaum. Sein Lieblingsplatz.

Nach einem Streit mit seinem Bruder Nassir war er einmal bis in die Krone geklettert und zwei Tage oben geblieben. Niemand konnte ihn runterholen, kein anderer kam so hoch hinauf. Nassir versuchte alles, redete lange auf ihn ein, aber es war nichts zu machen. Erst in der zweiten Nacht kam Alì herunter, völlig ausgehungert.

Seitdem nannten wir ihn manchmal Äffchen. Nur ein Äffchen konnte so hoch klettern, bis in den Wipfel. Und er ließ sich lieber so nennen, als lesen lernen zu müssen.

Jedenfalls gab Alì immer mächtig an, dabei war er langsamer als ich, obwohl er ein Junge war. Er hatte zwar mehr Kraft und besiegte mich beim Raufen, aber er war langsamer.

Wenn er mich ärgern wollte, sagte er, ich sei eine *wiilo*, ein Mannweib, und könne nur deshalb so schnell rennen. Er sagte, ich sei ein Junge, der im Körper eines Mädchens auf die Welt gekommen sei, hätte eine Rotznase wie die Jungs, und bestimmt werde mir später mal ein Bart wachsen, genau wie seinem Vater, Aabe Yassin. Er musste mir das nicht sagen, ich wusste selbst, dass an mir etwas Männliches war und dass mich die Leute nicht gerade für eine perfekte Tochter des Korans hielten, wenn ich unverschleiert an ihnen vorbeirannte, ohne *hidschab*, mit einem viel zu großen T-Shirt und kurzen Hosen, in denen ich wie ein dürrer Olivenzweig steckte.

Aber abends nach dem Essen, wenn die Erwachsenen ihren Spaß daran hatten, uns bei einem Wettrennen um ein Schokoladen-*angero* oder eine süße Sesamkugel zuzuschauen, zeigte ich es ihm. Der Hof war der Lebensmittelpunkt aller Familien, im Krieg verließ man das Haus möglichst selten.

Wenn Hooyo Dahabo mithilfe meiner Schwestern auf dem *burgico*, dem Kohlebecken, das so groß war wie eine ganze Kuh, das Abendessen für alle gekocht hatte und wir alles aufgegessen hatten – meistens gab es Brot und Gemüse oder Reis und Kartoffeln, manchmal auch ein Stück Fleisch –, dann präparierten Aabe Yusuf und Aabe Yassin unsere »Aschebahn«. Die größeren Geschwister feuerten uns an, und Alì und ich positionierten uns wie zwei Champions an der Startlinie, die Hände auf dem Boden. Wir hatten sogar Blöcke, die Aabe aus zwei Melonenkisten gebaut hatte. Um die Strecke zu markieren, schleiften Said und Nassir, meine ältesten Brüder, mit den Füßen über den Boden, vom Ende des Hofs bis an die Lehmmauer, ungefähr dreißig Meter, dann beschrieben sie eine Kurve und markierten eine weitere Bahn, die wieder zum Ausgangspunkt zurückführte.

Ich gewann immer.

Alì hasste mich dafür, aber am Ende teilte ich fast immer meinen Sesamkuchen mit ihm – und es gab nichts, was mir besser schmeckte als Sesamkuchen. Vorher musste er mir aber versprechen, mich nie mehr Wiilo zu nennen. Erst dann gab ich ihm die Hälfte ab.

An jenen Sommerabenden, wenn die Luft endlich etwas abkühlte, spielten Hodan und ich nach den Wettrennen *shentral*. Es waren schöne, entspannte Tage, an denen wir alle den Krieg vergaßen. Beim Shentral malte man einen Kasten auf den Boden und schrieb die Ziffern von eins bis neun rein. Man warf ein Steinchen und musste dann den Kasten ganz nach oben hüpfen. Unsere Brüder spielten *griir*. Sie saßen auf dem Boden, warfen Steinchen in die Luft und fingen sie wieder auf.

Manchmal gesellte sich Ahmed zu uns, ein Freund von Nassir. Ahmed war siebzehn, genau wie Nassir und Said. Ich und Alì fanden ihn sehr erwachsen, und ich und Hodan wunderschön und unerreichbar. Ahmed hatte olivgrüne Haut und helle Augen, was in Somalia ganz selten war, von einem Grün, das im Mondschein leuchtete und seinen Blick noch stolzer machte.

Einmal fragten wir ihn, weshalb seine Augen so anders waren, da machte er mit den Fingern das Zeichen für Sex, einen Kreis, in den er den Zeigefinger steckte und wieder herauszog, und antwortete, dass sein Großvater einer von den Italienern gewesen sein musste, der mit den schwarzen Mädchen seinen Spaß gehabt hatte. Nassir und Alì prusteten vor Lachen. Mein Bruder Said nicht, er sah ihn mit seinem strengen Blick an und schüttelte den Kopf.

Said kam nicht gut mit Ahmed aus, im Gegensatz zu Nassir, der ihn vergötterte. Vielleicht betrachtete er ihn als Rivalen, weil er mit Nassir befreundet war, vielleicht konnte er ihn auch einfach nicht leiden. Jedenfalls begegnete er ihm immer mit Misstrauen und sagte, dass auf dem Grund dieser hellen Augen etwas lag, das ihn skeptisch machte. Auch Alì mied ihn. Oft starrte er ihn an, studierte ihn, aber nur aus sicherer Entfernung. Wenn Hodan und ich Shentral spielten, saß Alì bei seinem Vater und meinem Aabe, die jeden Abend Karten spielten, und von dort beobachtete er ihn vorsichtig.

Manchmal, wenn sie Griir oder Ball spielten, bekamen Ahmed und Said sich in die Haare, mal im Scherz und mal im Ernst, dann mussten Aabe und Yassin sie trennen. Einmal boxte Said ihn so fest auf die Nase, dass Ahmeds weißes T-Shirt lauter Blutspritzer abbekam. Er schien sich sehr wehgetan zu haben. Aabe zwang sie, einander die Hand zu geben, und am nächsten Abend kamen sie wieder miteinander aus, als wäre nichts geschehen.

Was aber in diesen Sommernächten fast das Schönste war, waren Hodans Lieder. Oft setzten wir uns in einem Kreis zusammen, wenn Hooyo und die Schwestern die Töpfe gespült hatten, und hörten stundenlang ihrer samtenen Stimme zu, die vertraute Melodien sang.

Aabe und Yassin rauchten und sahen sehnsüchtig zum Himmel, und ich überlegte, was so ein großer schöner

Mann wie Aabe sich von den Sternen wünschen konnte; Hooyo und die Schwestern waren manchmal ganz gerührt von Hodans Worten und tupften sich mit ihren Taschentüchern Nase und Augen trocken; die großen Brüder und Ahmed saßen mit angezogenen Beinen, um die sie die Arme gelegt hatten, im Staub und starrten auf den Boden.

Hin und wieder hob Ahmed den Blick und seine eiskalten Augen funkelten den Mond an, als wollten sie ihn herausfordern. Wenn er das machte, wandte ich den Kopf ab und konzentrierte mich wieder auf Hodans Gesicht, die in der Mitte mit halb geschlossenen Augen Lieder von Frieden und Freiheit sang.

3

Am Abend vor dem jährlichen Stadtlauf taten Alì und ich etwas Verbotenes: Bevor unsere Väter von der Arbeit zurückkamen, wagten wir uns zum Laufen nach draußen.

Es war sechs Uhr abends, die Sonne würde bald untergehen. Der Geruch des Meeres lockte uns an. Getrieben von einer frischen Brise hatte er sich in unserem Hof eingenistet und sich angereichert mit den Düften, die allmählich von den Feuerstellen der Nachbarhäuser aufstiegen. Es waren nur noch wenige Stunden bis zum Wettkampf, und wir hatten das Bedürfnis, uns aufzuwärmen und unsere Muskeln zu dehnen. Wie zwei echte Athleten.

Die Milizen beschlossen oft schon in den Stunden vor Freitag eine Waffenruhe, und an diesem Nachmittag waren tatsächlich keine Schüsse zu hören gewesen. Außerdem erleuchtete der Vollmond die Dunkelheit, und damit würden wir kein allzu großes Risiko eingehen.

Wir wollten uns nicht weit entfernen. Wir hatten vor, einmal um den Block zu laufen, bis ans Ende der Jamaral-Daud-Allee, um den Altar des Vaterlands herum und wieder zurück. Alles in allem zwanzig, fünfundzwanzig Minuten.

Alì sagte, ich solle meinen Schleier umbinden, aber ich wollte nicht auf ihn hören. Nicht einmal Hooyo, die – ganz in die weißen Tücher gehüllt, die sie zu Hause trug – über einen großen, dampfenden Topf gebeugt kochte, merkte,

dass wir den Hof verließen. Auch Hodan nicht, die mit den großen Schwestern in unserem Zimmer war. So leise wie möglich schlüpften wir hinter dem roten Vorhang hindurch, der die Öffnung in der Außenmauer verdeckte.

Der Krieg machte uns keine Angst, er war unser großer Bruder.

Wenn Mörser- oder Maschinengewehrfeuer zu hören war, schlichen Alì und seine Freunde Amir und Nurud sich oft in die Nähe der Milizionäre. Sie versteckten sich hinter irgendeinem Auto oder einer Hauswand, um ihnen beim Schießen zuzusehen. Der Krach der Gewehre und Maschinenpistolen elektrisierte sie. Wenn sie in unseren Hof zurückkamen, redeten sie wild auf mich ein, und mir wurde beim Zuhören ganz schwindlig. Ihre Stimmen überschlugen sich, jeder wollte mir irgendein Detail erzählen, von dem er glaubte, dass nur er es gesehen hatte. Ihre Augen blitzten, grausam wie die Gewehrmündungen.

Aber an jenem Abend konnten wir zwanzig Minuten lang ungestört unsere Runde drehen. Die Luft war frisch, und man schwitzte nicht so stark wie tagsüber, wenn die Sonnenstrahlen von jedem Staubkorn zurückgeworfen wurden. Diese Tageszeit mochte ich am liebsten. Alles ging irgendwie langsamer, der Tag neigte sich dem Ende entgegen und das Licht schwebte tiefer, erholsamer in der Luft.

Wir waren auf dem Rückweg, fast schon wieder zu Hause, als plötzlich am Ende einer menschenleeren Gasse ein Jeep mit Milizionären auftauchte. Ihren langen Bärten und den gepflegten dunklen Jacken nach zu urteilen, waren es weder *hawiye* noch Abgaal oder Daarood, sondern Mitglieder von Al Shabaab. Bei denen spielten die Ethnien eigentlich keine Rolle. Sie wurden von Al-Kaida-Extremisten unterstützt und nutzten die Rivalitäten der Clans aus.

Ihnen war jedes Mittel recht, um an die Macht zu kommen.

Auf der Pritsche saßen acht Mann, die Läufe der Maschinenpistolen ragten ihnen wie Antennen aus dem Rücken. Sie fuhren sehr langsam, als einer der bärtigen Männer den Kopf drehte und uns entdeckte.

Zwei müde, verschwitzte, harmlose Pünktchen. Ein halb nacktes Abgaal-Mädchen und ein Daarood-Junge: platte Nase und pechschwarze Haut.

Einer der Männer schlug mit der Faust auf das Dach der Fahrerkabine, der Jeep blieb stehen. Alles geschah innerhalb weniger Sekunden. Zwei Milizionäre sprangen vom Wagen und kamen auf uns zu.

Sie waren klein und trugen keinen Bart. Erst als sie vor uns standen, begriffen wir, wieso: Es waren Jungs, elf, vielleicht zwölf Jahre alt. Mit zwei Gewehren, größer als sie selbst. Damals ging das Gerücht um, Al Shabaab würde Kinder für den Heiligen Krieg rekrutieren. Den Eltern versprachen sie eine Ausbildung für ihre Kinder, dass sie Arabisch und die Gesetze des Korans lernen würden, drei warme Mahlzeiten und eine würdige Unterbringung bekämen, mit einem echten Bett und all dem Komfort, den sich kaum mehr jemand leisten konnte. Die beiden mussten frisch rekrutiert sein.

Sie kamen immer näher, ich sah ihre fassungslosen Blicke und mir wurde immer bewusster, was ich anhatte: eine kurze Hose und ein T-Shirt. Verdammter Schleier. Und Alì war ein Daarood, ein mickriger schwarzer Daarood. Wir Abgaal hingegen hatten hellere Haut und feinere Gesichtszüge, ähnlich denen der Araber, von denen die Al-Shabaab-Fundamentalisten abzustammen glaubten.

Gut zehn Meter vor uns blieben sie stehen.

»Was treibt ihr euch um diese Uhrzeit draußen rum?«, fragte der kleinere, dickere von beiden. Er trug ein schwarzes glattes Hemd und eine dunkle Hose mit Bügelfalten. In ihrer Kleidung unterschieden sich die Al-Shabaab von den Clan-Milizionären, die meistens in Tarnjacken von irgendwelchen Märkten oder aus Beständen der äthiopischen Armee herumliefen. In unserer Vorstellung waren nur Europäer oder Amerikaner so perfekt angezogen. Wir trugen immer, was wir gerade in die Finger bekamen, alte, gebrauchte Klamotten. Nur ein paar Erwachsene stolzierten freitags auf dem Parlamentsplatz oder der Strandpromenade noch in Hosen und Jacken herum, wie sie sie zu Friedenszeiten getragen hatten.

»Wir trainieren für den Wettkampf morgen«, antwortete Alì und sah ihm stolz ins Gesicht, ohne Angst. Es waren die üblichen Fragen. Auch wenn wir selbst noch nie in einer solchen Situation gewesen waren, wurde doch viel darüber erzählt, man brauchte sich vor diesen Fragen nicht zu fürchten.

Die beiden lachten schallend, der Dicke kratzte sich am Hintern. Dann machten sie ein paar Schritte auf uns zu, die weit und breit einzige Straßenlaterne beleuchtete ihre Gesichter. Sie hatten wässrige, blutunterlaufene Augen.

»Ach so, Athleten seid ihr …«, sagte der Dicke nach einer Weile ironisch und fing wieder an zu lachen.

»Ja«, antwortete Alì. »Wir trainieren für den Wettlauf, der …«

»Halt's Maul, Daarood!«, brüllte ihn der andere an, ein schmächtiger Junge mit einer langen Narbe auf der Stirn und einem besessenen Blick: »Du hast hier gar nichts zu melden. Wir können dich einfach mitnehmen, und keiner kann was dagegen machen. Dein Vater ist bestimmt froh, dann kriegst du wenigstens was Anständiges zum Anziehen.« Dann prusteten sie wieder los, und der Dicke kratzte sich weiter am Hintern.

Alì sah an sich herunter. Er trug ein löchriges T-Shirt mit Essensflecken, das seinem Bruder Said gehört hatte, und eine viel zu weite kurze Hose, die über der Hüfte mehr schlecht als recht mit einer Kordel zusammengehalten wurde. Seine Füße steckten in kaputten alten Mokassins, die sein Vater vor langer Zeit irgendwo aufgetan hatte.

Ich spürte, wie er neben mir vor Wut und Scham bebte, und hörte sein ersticktes Schluchzen. Als ich mich zu ihm drehte, sah ich eine Träne, eine einzige, über sein Gesicht laufen.

Wie ein Raubtier, das sein verwundetes Opfer wittert, machte der dünne Junge fünf, sechs Schritte auf ihn zu. Er roch stark nach irgendeinem Männerparfüm, so ähnlich wie Kölnischwasser, viel zu streng, der Geruch hatte sich um ihn herum ausgebreitet.

»Du bist nur ein kleiner, schwarzer Daarood«, sagte er. »Vergiss das nicht. Ein dreckiger Daarood, sonst gar nichts.«

Alì antwortete nicht. Ich hatte Angst.

Der Dünne kam auf mich zu und packte mich am Arm. »Vielleicht nehmen wir ja deine Freundin mit. Damit sie lernt, wie eine ordentliche Frau sich anzuziehen hat. Was denkst du eigentlich, was du bist, ein Kerl?«

Ich versuchte, mich loszumachen, aber er hielt mich mit eiserner Hand fest. Er wollte mich wegzerren, aber ich wehrte mich, stemmte die Füße fest in den Boden. Auf einmal schoss Alì vor wie eine Raubkatze und biss ihm in die Hand. Der Junge ließ meinen Arm los, und Alì gab mir einen Schubs und brüllte, ich solle nach Hause laufen. Unschlüssig sah ich ihn an. Ich wollte ihn nicht alleinlassen, wusste aber, dass wir Hilfe brauchten.

Doch anstatt sich für den Biss zu rächen, wedelte der Dünne mit der Hand in der Luft herum, als wollte er den Abdruck der Zähne trocken schütteln. Er grinste schief.

»Sieh mal einer an, der kleine Daarood hat's echt drauf.«

Der andere hörte auf, sich zu kratzen, nickte und fing an, sich mit derselben Hand eine Haarsträhne zu zwirbeln.

»Respekt, Daarood!«, sagte er. »Wer ist dein Vater?«

»Geht dich einen Dreck an, Fettsack«, antwortete Alì.

»Wenn du uns nicht verrätst, wer dir Manieren hätte beibringen sollen, nehmen wir dich eben mit…«

Sie packten ihn unter den Armen. Alì versuchte, sich loszureißen, aber sie waren zu zweit, und sie waren größer als er.

»Vielleicht hat ja einer von den Erwachsenen Lust, dir was beizubringen, Daarood. Damit du dich nicht mehr benimmst wie ein Idiot. Es ist nicht besonders klug, jemanden zu beißen, der ein Gewehr hat.«

Während Alì weiterzappelte und ich wie versteinert dastand, stieg ein Mann von der Pritsche. Im Halbdunkel war zu erkennen, dass er erheblich größer war als die beiden, er musste also viel älter sein, aber auch er trug keinen Bart. Vielleicht war er noch jung. Vielleicht ließ er mit sich reden.

»Lasst den Daarood los«, rief er im Näherkommen. »Und steigt wieder in den Jeep. Ich kümmer mich um ihn.«

Alì und ich erkannten die Stimme.

Er stand ungefähr fünf Meter von uns entfernt. Die Straßenlaterne spendete nur wenig Licht, aber die eisigen Augen, die da leuchteten, waren seine, auch wenn sie genauso seltsam wässrig verschleiert waren wie die der beiden Jungen.

Ahmed.

Nassirs Freund. Der, in den Hodan heimlich verliebt war.

Die zwei Jungs murmelten irgendwas und ließen Alì unwillig los.

Als sie wieder am Jeep waren, sagte Ahmed eindringlich und darauf bedacht, dass die anderen ihn nicht hörten:

»Ihr müsst aufpassen, ihr zwei. Es ist gefährlich, sich alleine herumzutreiben.«

Dann starrte er Alì düster an. Eine endlose Sekunde lang. Seine grünen Augen glitzerten im Mondschein. Dieser Blick ließ mir das Blut in den Adern gefrieren. Eine Mischung aus Lust und Versprechen. Keine Provokation, nur ein Ausdruck heimtückischen Einvernehmens.

Ahmed machte auf dem Absatz kehrt, gab dem Fahrer ein Zeichen, den Motor zu starten, und sprang auf den fahrenden Jeep auf. So langsam, wie sie gekommen war, fuhr die Gruppe von Milizionären weiter.

Ich zitterte am ganzen Leib, aber Alì hatte sich sofort wieder gefangen.

»Verfluchte Fundamentalisten. Die haben in der Stadt gerade noch gefehlt«, stieß er hervor.

Ich wollte ihn umarmen, damit er sich wieder beruhigte, aber er schob mich weg.

»Ich bin okay, lass mich in Ruhe. Diese dreckigen Extremisten können mir gar nichts anhaben, überhaupt nichts«, murmelte er, ohne mich anzusehen, den Blick fest auf den Boden gerichtet.

»Die zwei eben, die hatten irgendwie komische Augen…«, stammelte ich.

»Klar, waren ja auch alle zugedröhnt mit Khat«, antwortete Alì.

Pause.

»Was ist das denn? Khat?«

»Die Scheißdroge, die Al Shabaab den Milizionären gibt.«

»Die nehmen Drogen und fahren dann rum und knallen Leute ab?«

»Nein. Sie kriegen welche, weil sie Leute abknallen müssen. Die Jüngeren kriegen das Zeug geschenkt, damit sie sich dran gewöhnen.«

»Sie wirkten irgendwie verloren, wie besessen von einer bösen Macht«, sage ich leise und hoffte, dieses Gefühl schnell wieder vergessen zu können.

Wie in Gedanken sagte Alì:

»Der Dicke hat sich die ganze Zeit am Hintern gekratzt.«

»Bestimmt hatte der Zecken in der Unterhose, von wegen neue Klamotten!«, lachte ich.

»Genau, bestimmt war sein ganzer verkackter Arsch voller Zecken«, sagte auch er lachend. Er drehte sich um und starrte auf die Stelle, wo gerade noch der Jeep gestanden hatte, als wollte er sichergehen, dass er wirklich fort war.

Ich nahm seine Hand, und dieses Mal wehrte er sich nicht.

Langsam gingen wir zurück nach Hause und redeten auf dem ganzen Weg nur dummes Zeug. Ahmed erwähnten wir kein einziges Mal.

Im Hof rührte Hooyo immer noch in dem dampfenden Topf auf dem Kohlebecken. Sie hatte sich zum Kochen den weißen Schleier ums Haar gebunden, den sie, wenn sie nicht kochte, im Haus zu tragen vermied.

Vom Eingang aus betrachtet wirkte ihr Gesicht, benetzt vom Dampf aus dem Kochtopf und im Schein des Mondlichts und des Feuers, sehr glatt. Prall und glänzend wie die Schale einer Wassermelone in der Mittagshitze.

An diesem Abend gab es zur Abwechslung mal Reis und Gemüse.

4

Am nächsten Morgen starteten wir beim Wettkampf. Treffpunkt war um elf am Altar des Vaterlands, die Sonne stand fast im Zenit, es herrschte eine Gluthitze.

Die Strecke führte durch die Stadt bis zum Koonis-Stadion, in dem wir eine Runde drehen und dann dort über die Ziellinie gehen würden. Wir waren dreihundert Läufer. Seit zwölf Monaten wartete ich nur auf diesen Moment, Woche um Woche, Tag um Tag war ich im Geist jeden Meter, jede Kurve gelaufen, hatte mich in jedem Augenblick des Rennens gesehen, beim Einzug ins Stadion, beim Sprint über die Ziellinie.

Aber das Zusammentreffen mit Ahmed am Abend zuvor und Alìs Stimmung hatten auch bei mir Spuren hinterlassen. Und so konnte ich nicht geben, was in mir steckte. Ich versuchte mich am Rand der Gruppe zu halten, ich verhielt mich genau, wie ich es geplant hatte, aber irgendetwas in mir drin reagierte nicht wie erwartet. Ein Teil von mir dachte immer noch an das Funkeln in diesen kalten, auf Alì gerichteten Augen. Ein Jahr, ein ganzes Jahr hatte ich trainiert und schaffte es nicht, mein Bestes zu geben. Das würde ich mir nie verzeihen.

Es war die übliche Strecke, wir waren sie tausend Mal gelaufen. Die Straßen waren für die wenigen Autos, die dort normalerweise fuhren, gesperrt, und auf der ganzen Länge der Jamaral-Daud-Allee standen kleine Buden, an denen man für ein paar Schilling Wasser oder erfrischende Säfte, Bananen oder Schokoriegel kaufen konnte. Man hatte den Müll weggeräumt, die Allee war nicht wiederzuerkennen.

An einem anderen Tag hätte ich gewinnen können. Diesmal nicht. Ich wurde Achte. Alì Hundertneunundvierzigster.

»Du kannst besser beißen als laufen«, sagte ich hinterher, um ihn zu ärgern. Er war sogar durch eine Grube mit Exkrementen gerannt. Als er merkte, dass er im Rückstand war, hatte er eine Abkürzung über eine Nebenstraße genommen, in die nachts Müll und Fäkalien gekippt wurden, seit eine Bombe die von den Italienern angelegte Kanalisation zerstört hatte. An diesem Tag bedeckte die Pfütze die ganze Straße. Alì dachte, sie sei nicht tief, aber sie ging ihm bis zur Wade. Immerhin hatte er ordentlich aufholen können.

Zu Hause feierten wir dann. Hooyo briet Rouladen aus Kutteln, auf die ich ganz versessen war. Diese *kirisho mirish* waren neben Sesamkuchen meine Lieblingsspeise. Wir waren glücklich, Aabe machte einen Witz nach dem anderen und brachte uns alle zum Lachen.

Aber Alì schämte sich so sehr wegen des Gestanks, den er einfach nicht mehr loswurde, dass er nicht aus dem Zimmer kam. Sein Bruder Nassir hatte ihn gezwungen, sich zu waschen, bevor er das Zimmer betrat, aber dann kam Alì nicht mehr raus. Said und Nassir hänselten ihn ab und zu lauthals wegen des Gestanks, und Alì schrie weinerlich etwas zurück. Dann legten wir alle noch einmal nach.

»Lasst mich in Ruhe!«, brüllte er aus seinem freiwilligen Gefängnis.

»Komm schon raus, kleiner Stinker, Essen ist fertig!«, provozierte ihn Nassir, wohl wissend, dass er ihn damit noch wütender machte.

»Vergiss es, mit dir esse ich nie mehr«, schrie Alì zurück.

»Würde doch scheffelweise Kloscheiße auf dich niederprasseln«, platzte es aus Said heraus, und wir lachten uns fast kaputt. Alì antwortete nicht mehr. Irgendetwas beunruhigte ihn.

Dass Ahmed zu den radikalislamischen Milizen gehörte, hatte ihn tief getroffen. Mein Bruder Said hatte recht, dass er Ahmed nicht über den Weg traute, aber Alì fand, wenn Nassir seinem Freund so verbunden war, konnte er kein schlechter Mensch sein.

Seit dem Vorfall verschleierten Alìs Augen sich manchmal plötzlich vor Traurigkeit. Ich versuchte ihn aufzuheitern, aber er wurde gleich wieder nachdenklich. Ich wusste nicht, was ich tun sollte. Seit jenem Abend verbrachte er, über viele Wochen, immer längere Zeit auf dem Eukalyptusbaum. Wenn wir Griir spielten, verzählte er sich mit den Steinchen und verlor, dabei hatte er doch immer gegen alle gewonnen. Beim Versteckspiel ging er immer wieder an dieselben Stellen, und wenn ihn jemand darauf ansprach, war es ihm egal. Es war ihm nicht wichtig zu gewinnen.

Er blieb einfach auf seinem bescheuerten Baum und dachte an weiß Gott was. Ich erkannte ihn nicht wieder.

Eines Nachmittags verkündete er urplötzlich, er würde nicht mehr laufen, sondern mein Trainer werden.

»Warum solltest du denn mein Trainer werden?«, fragte ich ihn, während ich mir die Schuhe schnürte.

»Du bist viel besser als ich, es ist sinnlos, es weiter zu versuchen. Ich habe kein Talent fürs Laufen, das muss ich einsehen. Du schon.« Er knabberte an einem Maisfladen, den Hooyo am Abend zuvor gebacken hatte.

»Und deshalb willst du mein Trainer werden?«

»Jeder Sportler hat einen Trainer, und wenn ich schon kein Athlet werden kann, will ich wenigstens Trainer sein.«

»Und wenn ich dann gewinne, verdanke ich es dir«, scherzte ich.

»Nein«, gab er ernst zurück, »du brauchst einfach jemanden, der dich trainiert. Allein schaffst du es nicht.«

Pause. Ich hob den Kopf und sah ihn an.

»Was schaffe ich nicht?«, fragte ich.

»Champion zu werden.«

Wir waren acht Jahre alt.

Wie so oft antwortete ich nicht. Aber von diesem Tag an hatte ich einen Trainer. Vielleicht hatte ich durch Ahmeds Schuld einen Spielkameraden verloren, auch wenn ich mir das nicht eingestehen wollte. Aber ich hatte mich selbst gefunden. Von diesem Tag an wurde ich, was ich schon immer sein wollte: eine Athletin. Und das verdankte ich Alì, obwohl ihm das nicht bewusst war.

Ich umarmte ihn fest, und wir gingen nach draußen, um im Wind zu laufen, im Wind dieses Nachmittags, dieses endlosen Feiertags.

5

Es war ein ganz normaler Morgen. Hodan und ich schliefen noch, als Aabe und Yassin wie immer zusammen zur Arbeit ins Xamar-Weyne-Viertel gingen.

Der Weg dorthin war weit, aber das Viertel war sehr bevölkert, viele Menschen kamen und gingen, ein idealer Ort für Geschäfte. Hunderte von Händlern mit großen und kleinen Verkaufsständen in allen Farben des Regenbogens priesen den Kunden laut rufend ihre Waren an. Auf dem Xamar-Weyne-Markt herrschte ein riesiges Durcheinander, es gab dort fast so viele Verkäufer wie Kunden. Baumwolle, Leinen, Hemden, Kohle, amerikanische Jeans, Schuhe, Obst, Sandalen, Gemüse, Weihrauch, Gewürze, Schokolade – jeder präsentierte seine Spezialität.

Yassin war zwei Jahre jünger als Aabe und noch größer, fast eins neunzig. Er wirkte aber älter, hatte mehr Falten um die Augen und auf der Stirn und immer diesen traurigen Blick. Hooyo sagte, er habe wegen seiner Frau zu sehr gelitten. Die wunderschöne Yasmin – Alìs Mutter – war an einem Gehirntumor gestorben, als wir zwei Jahre alt waren. Auf einer Kommode in Yassins Zimmer stand ein Foto von ihr, und jedes Mal, wenn ich es sah, bewunderte ich ihre Schönheit. Ihre hohe Stirn, die großen, mandelförmigen Augen, die gleichen vollen Lippen wie Alì.

Aabe und Yassin gingen jeden Morgen um fünf aus dem Haus und kamen erst bei Sonnenuntergang, gegen sechs

Uhr, zurück. Sie hatten jeder einen großen Stand, Aabe einen mit Kleidung und Yassin einen mit Gemüse.

»Hoffentlich musst du nie so viel arbeiten wie ich, kleine Samia«, sagte Aabe hundemüde jeden Abend beim Gutenachtsagen, als ich noch kleiner war.

Ich liebte es, ihn so nah bei mir zu haben, es waren wundervolle Momente für mich. Ich verlor mich im Duft seines Rasierwassers, ich war glücklich und fühlte mich in Sicherheit. Auch seine Kleider hatten einen besonderen Geruch, wie ihn nur Aabes Kleider nach einem langen Arbeitstag haben konnten, ich hätte ihn unter Tausenden erkannt.

»Wenn du das machst, kann ich das auch«, gab ich zurück.

»Ich mache es, damit du es nicht machen musst.«

Einmal, als ich ein wenig darüber nachgedacht hatte, fragte ich:

»Wieso beklagst du dich eigentlich nie über das, was du machst? Omar Sheikh ist nur am Jammern. Wenn er hier ist, beschwert er sich den ganzen Tag über sein Pech.«

»Wer jammert, will nur nicht ändern, woran er keine Freude hat«, antwortete Aabe mit seiner tiefen Stimme und strich sich dabei mit der Hand über die langen schwarzen Haare. Er trug sie immer etwas länger, und Hooyo machte sich lustig über ihn, sie sagte, er benehme sich wie eine Frau und habe deshalb auch keinen Bart. »Bärte sind was für Fundamentalisten«, antwortete er dann.

»Wenn dir irgendwas wirklich nicht passt, kleine Samia, brauchst du es nur zu ändern. Ich liebe meine Arbeit, und ich liebe sie, weil ich sie für euch mache. Das macht mich glücklich.«

Ich dachte kurz nach und fragte dann:

»Hast du eigentlich nie Angst vor dem Krieg, Aabe?«

Er wurde ernst.

»Sag nicht, dass du Angst hast, kleine Samia. Niemals. Sonst fühlen die Dinge, vor denen du Angst hast, sich groß und glauben, sie könnten dich besiegen.«

Und dann waren er und Yassin eines Morgens losgezogen, wie immer. Sie hatten die breite Jamaral-Daud-Allee gleich hinter dem Parlament überquert und waren in der Bar ihres Freundes Taageere, einer kleinen, in einer Seitenstraße gelegenen Holzbaracke, auf einen Shaat und ein Schwätzchen vor der Arbeit eingekehrt, wie jeden Tag.

Da hörten sie plötzlich Schüsse. In etwa hundert Metern Entfernung tauchten hinter einem mehrstöckigen Gebäude vier oder fünf Hawiye-Milizionäre auf, die mit uns Abgaal verbündet waren. Sie suchten nach einem Daarood, den sie des Diebstahls beschuldigten. Einer von ihnen entdeckte Yassin, der mit Aabe an der Theke stand, zeigte in seine Richtung, und schon stürmten sie los. Alìs Vater sah die Milizionäre auf sich zurennen und durchschaute die Situation sofort. Instinktiv wollte er weglaufen. Doch kaum hatte Yassin zur Flucht angesetzt, eröffnete einer der Milizionäre das Feuer. Aabe warf sich mit einem Hechtsprung auf seinen Freund und riss ihn zu Boden. Die Gewehrsalven durchsiebten die Wand neben ihnen.

Später wurde immer erzählt, dass Taageere die ganze Zeit wie erstarrt mit den zwei Shaat-Gläsern in der Hand dagestanden hatte.

Die Gewehrsalven verstummten ebenso schnell, wie sie eingesetzt hatten. Die Soldaten schrien etwas und verschwanden wieder hinter einer Straßenecke.

Erleichtert drehten Aabe und Yassin sich um, in dem Glauben, dass alles noch mal gutgegangen war. Erst als sie versuchten aufzustehen, merkten sie es. Taageere wurde kreidebleich.

Aabe war am rechten Fuß getroffen worden, ohne etwas gespürt zu haben. Das Blut hatte schon eine Pfütze gebildet. Die Schüsse eines Verbündeten hatten einen Abgaal an Stelle eines Daarood getroffen.

Hodan schrieb ihre Lieder selbst. Sie hatte eine wunderschöne Stimme, wie Samt. Tief und ein bisschen rau, und gleichzeitig erreichte sie allerhöchste Töne. Wenn Hodan sang, bekam ihr glattes rundes Porzellanpuppengesicht immer einen erstaunten Ausdruck, als wäre sie kurz davor, etwas zu offenbaren. Ich vergötterte sie. Ich wollte sein wie sie, wollte ihre Schönheit, ihre Stimme haben. Keinem anderen Mädchen stand der Schleier so gut wie Hodan. Die kräftigen Farben, das Gelb, das Rot, das Orange, ließen ihr Gesicht erstrahlen wie ein plötzliches Feuer in einem dichten Wald.

Beim Singen legte sie die Handflächen zusammen und schlug sie im Takt gegeneinander, wie eine Muschel aus dem Indischen Ozean, die sich in gleichmäßigem Rhythmus öffnet und schließt.

Sie sang traditionelle *buraanbur*, die sie aber mit modernerer Musik mischte, wie ihre Lieblingsgruppe, die Shamsudiin-Band. Sie komponierte ihre Lieder, wenn sie allein im Zimmer war oder während wir Geschwister bei brennendem Ferus im Bett lagen und versuchten, bei einem letzten Gekicher einzuschlafen.

Jeden Abend zog Hodan sich zurück, holte ihr Heft heraus und fing an zu schreiben. Was sie unglücklich machte und was ihr Freude bereitete, alles schrieb sie auf. Ich sah ihr aus der Nähe zu, studierte ihre winzigen Bewegungen.

Wir hatten seit jeher nebeneinander geschlafen, seit meiner Geburt, da war sie gerade fünf geworden. Unsere Matratzen lagen in einem rechten Winkel direkt vor der Tür. Und von Geburt an war ich daran gewöhnt, mit ihrer Stimme im Ohr einzuschlafen, die immer leiser wurde, bis sie schließlich nur noch ein Flüstern war.

Vielleicht schlief ich deshalb immer gut und vertraute darauf, dass der morgige Tag noch besser würde als der heutige. Das lag an Hodans Stimme, die mich seit meiner Geburt in den Schlaf begleitet hatte.

»Ich habe dir meinen ganzen Optimismus geschenkt«, sagte sie.

Anders als ich war Hodan immer nachdenklich, irgendetwas ging ihr stets durch den Kopf. Erst abends fand sie zur Ruhe, wenn der Ferus erlosch und sie mir ihre Lieder einhauchen konnte, Lieder über den Krieg, unsere Familie, die Zukunft, über das Laufen, über Alì, die Verwundung unseres Vaters, die Kinder, die wir eines Tages haben würden. Wir schliefen immer Hand in Hand ein, unsere Köpfe berührten sich. Während ich sie festhielt, spürte ich, wie der Druck ihrer Hand nachließ, sanfter wurde. Da wusste ich, dass das Singen sie entspannt hatte.

Ich war immer die Erste, der sie ihre Lieder vorsang, und das erfüllte mich mit Stolz. Sie maß ihre Lieder an meinem Lächeln. Wenn auch die Themen unterschiedlich waren, handelten sie alle immer von ein und demselben: von der Bedeutung der Freiheit und der Macht der Träume.

Als Aabe verletzt wurde und nach der Operation noch im Krankenhaus lag, hatte sie abends ein Lied geschrieben, in dem sie ihn mit einem großen geflügelten Pferd verglich. Sie sang es mitten im Zimmer und saß dabei im Schneidersitz auf Abdis Matratze. Auch Hooyo war bei uns, man hatte sie nicht im Krankenhaus übernachten lassen. Die Betten durften nicht von Verwandten belegt werden, man brauchte sie für Kranke oder für die durch Granaten oder Maschinengewehrsalven Verletzten, die ohne Unterlass eingeliefert wurden.

Klein und gefasst saß Hooyo auf der Matratze unserer Schwester Ubah, direkt vor mir, die Füße auf dem Boden, nicht wie wir im Schneidersitz. Sie hatte das Kinn in die Hände gestützt, und ihr Kopf zeigte starr in Hodans Richtung. Doch sie war in Gedanken versunken, und ihre Augen glitten haltlos hin und her. Ubah hatte Weihrauch angezündet, und der starke, süßliche Geruch erfüllte den kleinen Raum bis in den letzten Winkel.

Das Lied erzählte davon, dass unser Vater noch weiter fliegen würde als bisher und uns fliegend ins Erwachsenenalter tragen würde. Und dass seine Arme groß waren wie die Schwingen eines riesigen Vogels und seine Beine stark wie die Stämme tausendjähriger Bäume.

Von diesem Abend blieben mir, wer weiß weshalb, besonders Saids Tränen in Erinnerung, die unserem großen Bruder still in den Augen standen, während er gleichmütig vor sich hinsah.

Ich stand auf, ging auf Zehenspitzen zu ihm hinüber und trocknete sie.

6

Seit dem Tag seiner Verwundung war klar, dass Aabe nie mehr würde arbeiten können. Der rechte Fuß war nicht mehr zu gebrauchen, es war nur ein Stumpf davon übrig. Zum Gehen würde er fortan immer einen Stock benötigen. Er würde den Karren mit der Kleidung nicht mehr ziehen können. In Zukunft wäre er an Haus und Hof gebunden. Nachdem sie ein ganzes Leben Tag für Tag miteinander verbracht hatten, würde Yassin nun alleine aufstehen und alleine eine Stunde bis ins Xamar-Weyne-Viertel laufen.

Die erste Zeit war hart. Aabe zog sich in einen stummen Zorn zurück. Hin und wieder überkam ihn während der endlosen Stunden, die er auf dem Strohstuhl im Hof verbrachte, die Wut, und dann schleuderte er mit aller Kraft den Stock von sich, als wäre er ein Speer. Der Stock flog gegen die Wand und blieb irgendwo weit weg auf dem Boden liegen. Bis Hooyo ihn wieder aufhob.

Es waren schreckliche Tage, an denen Aabe nur schweigend dasaß, gedemütigt und reglos. Unmöglich, mit ihm zu sprechen, er schickte uns alle weg, auch mich, seine Kleine. Nur einmal rutschte ihm ein Satz heraus, mit dem er Hooyo zum Weinen brachte.

»Ein nutzloses Ding bin ich geworden, unbeweglich wie ein Auto ohne Räder.«

Yassin war verzweifelt. Anfangs hatte er alles getan, um seinem Freund zu helfen, hatte sogar angeboten, den Weg zum Markt jeden Tag zweimal auf sich zu nehmen, einmal mit seinem eigenen Karren und einmal mit dem von Aabe. Irgendwann gab er auf, er wusste, dass nur die Zeit helfen konnte. Viel Zeit, unendlich viel Zeit.

Drei Monate dauerte dieser Zustand an. Doch eines Abends nach dem Essen – wir Mädchen spielten Shentral – bat Aabe Yassin, die Karten zu holen, er habe Lust auf eine kleine Partie. Es war das erste Mal nach dem Vorfall, dass er das Wort an einen von uns richtete.

Yassin hielt sich immer in der Nähe des Burgico auf und betrachtete die Glut und die Funken, lauschte seinem Knistern. Als er Aabes Worte vernahm, stand er ohne einen Ton zu sagen auf, holte die Karten und stellte den Tisch vor seinen Freund. Sie spielten drei Runden *scopa*, ein Spiel, das ihre Väter von den Italienern gelernt hatten und das manche immer noch kannten. Währenddessen sprachen sie kein Wort. Dann gewann Aabe, oder Yassin ließ ihn gewinnen, niemand wusste das je zu sagen, und Aabe schlug mit der Faust auf den Tisch und rief mit seiner kräftigen Stimme:

»Lass uns anstoßen! Auf dein unverschämtes Glück. Ich verliere einen Fuß und gewinne eine Runde Scopa. Würde doch scheffelweise heißer Shaat auf dich niederprasseln.«

Das war der Tag, ab dem die Dinge langsam wieder wurden, wie sie immer gewesen waren. Aabe und Yassin wurden wieder Freunde, und mit ihrer Freundschaft fand auch alles andere wieder an den rechten Platz zurück.

Eines Abends – Aabe verließ inzwischen wieder das Haus und zeigte sich auch im Viertel mit dem verhassten Stock – war Yassin ins Zimmer unserer Eltern gegangen. Nach einer Weile riefen sie uns alle zu sich, Yassin wollte uns etwas mitteilen.

Mit gebrochener Stimme erklärte er, dass er bis ans Ende seines Lebens in der Schuld unserer Familie stehe, dass er sich um uns kümmern wolle, aber nicht wisse, wie, seine Mittel reichten mehr schlecht als recht für seine eigenen Kinder. Dann holte er einen Umschlag aus einer Tasche und hielt ihn Hooyo hin.

Sie sah Aabe an, er nickte, dann nahm sie den Umschlag und öffnete ihn. Es steckte Geld darin.

»Das ist alles, was ich habe«, sagte Yassin, »aber ich bitte dich, es hier vor deiner versammelten Familie anzunehmen. Als Zeichen meiner Anerkennung dafür, dass du mich gerettet hast, Aboowe Yusuf.«

Aabe sah ihn still an und lächelte.

»Hol deine Söhne, aber vorher wisch dir die Tränen ab«, antwortete er, während er sich auf dem Strohstuhl aufrichtete.

Als Alì und seine Brüder da waren, räusperte sich Aabe. »Dir ist es zu verdanken, mein Freund«, fing er an, »dass ich noch am Leben bin und weiß, dass dieser Krieg nicht gerecht sein kann.«

Die Neuankömmlinge blickten sich an.

Nassir hatte sich auf dem Boden niedergelassen, und Alì, der zwischen seinen Beinen saß, sah Aabe von unten nach oben an, ohne recht zu verstehen, was vor sich ging.

»Wie kann es sein, dass meine Brüder fast einen Abgaal, einen aus ihrem eigenen Clan, umbringen?«, fuhr Aabe fort, und Alì horchte auf. »Dieser Stumpf hier ist der Beweis dafür, dass der Krieg nicht gerecht sein kann.«

Dann rief Aabe Alì und mich in die Mitte des Zimmers. Er sagte, wir sollten uns die Hand geben und uns umarmen. Wir waren verlegen. Alì, der wie immer seinen eigenen Kopf hatte, starrte stur auf seine nackten Füße. Doch schließlich gehorchte er. Ohne mich anzusehen, hob er den Arm. Ich drückte ihm die Hand.

»Und jetzt versprecht«, fuhr Aabe fort, »dass ihr zwei, du eine Abgaal und du ein Daarood, immer in Frieden miteinander leben werdet. Dass ihr einander nie hassen werdet und auch die anderen Clans nicht.«

Die Hände immer noch gedrückt, legten wir das Versprechen ab.

Dann fragte Aabe, ob wir wüssten, dass der Krieg die Ausgeburt eines Hasses war, der die Menschen blind machte und ihren Hunger nur mit Blut stillte. Wie aus einem Munde antworteten wir mit Ja.

Zum Schluss fragte er:

»Wisst ihr, dass wir alle Brüder und Schwestern Somalias sind, egal welcher Volksgruppe oder welchem Clan wir angehören? Ja, Samia? Alì?«, polterte er, wie sonst nur wenn er wütend war. »Wisst ihr das?«

»Ja«, antwortete Alì kaum hörbar, die Augen fest auf den Boden gerichtet.

»Ja«, sagte ich es ihm nach.

Dann bat Aabe Hodan, ein Lied zu singen, dort im Elternschlafzimmer. Wir waren sehr viele, es war eng. Zu vierzehnt in einem kleinen Zimmer, zwei Matratzen auf dem Boden, die Wände aus Lehm, sprachen wir von Frieden und Hoffnung, während draußen der Krieg tobte.

Auch das war Aabe.

Meine Mutter hingegen hatte ihre Entscheidung bereits getroffen, Alternativen gab es sowieso kaum. Männerkleidung wollte sie nicht verkaufen, sie sagte, das schicke sich nicht für eine Frau. Yassin hatte seine ganze Überredungskunst aufgeboten und sie schließlich überzeugt, mit Obst und Gemüse zu handeln. Anfangs gab Yassin ihr seine Ware zum Verkaufen. Dann lernte sie, abends selbst bei den Tagelöhnern im Viertel einzukaufen, zum gleichen Preis wie Yassin nach zwanzig Jahren im Geschäft.

Ein paar Wochen später begleitete Hooyo eine Freundin zu ihrem Marktstand im Abde-Aziz-Viertel, das Daarood nicht betreten durften, in dem aber noch viel mehr los war als in Xamar Weyne. So wurde sie Obst- und Gemüsehändlerin.

Über ein Jahr lebten wir so, ärmer als je zuvor, und dann änderte sich alles in Hodans und in meinem Leben.

Ich gewann mein erstes Rennen, und sie verlobte sich mit Hussein, einem Daarood aus guter Familie, der in derselben Band spielte wie sie.

7

An meinem zehnten Geburtstag fand wieder der traditionelle Stadtlauf statt. Der Krieg war immer grausamer geworden, alles war schwieriger, sogar die Organisation des Stadtlaufs, der für mich weiterhin die wichtigste Sache der Welt war: Sechzehn Monate waren seit dem letzten Mal vergangen, nicht zwölf. Mit dem Krieg änderte sich auch die Länge eines Jahres, die Zeit erlitt die Ausdehnung der Gewalt.

Alì war die ganze Zeit über ein guter Trainer gewesen. Er wusste, wann er mich zu immer wieder derselben Übung zwingen musste, auch wenn ich keine Lust mehr hatte, und gleichzeitig verstand er, meinen Ehrgeiz anzustacheln. Ich hatte in den vergangenen Monaten sehr viel trainiert und wollte um jeden Preis gewinnen. Gewinnen um meiner selbst willen, gewinnen, um mir und den anderen zu beweisen, dass der Krieg manches, aber nicht alles zum Stillstand bringen konnte, gewinnen, um Aabe und Hooyo glücklich zu machen.

Aabe musste meine Aufregung gespürt haben, denn an jenem Morgen rief er mich zu sich und sagte mir, er wisse, dass ich eines Tages ein Champion sein würde. So etwas hatte er noch nie gesagt. Manchmal war er liebevoll, aber er war nie so weit gegangen, mich zu ermutigen.

Aus der Tasche seiner khakifarbenen Hose zog er ein weißes Nike-Frotteeband, das man trägt, damit einem der

Schweiß nicht in die Augen läuft. Es musste bei den Kleidern gewesen sein, die er nicht mehr verkaufen konnte, irgendwo unter dem ganzen Krempel, der in dem großen Raum neben Alìs Zimmer herumlag.

Ich fiel ihm um den Hals. Der Stock, der am Strohstuhl lehnte, fiel fast um.

»Wenn du heute gewinnst, Samia, verspreche ich dir, dass du beim nächsten Rennen mit neuen Turnschuhen an den Start gehst«, sagte er und setzte mir das Stirnband auf, als wäre es eine Krone.

Ich traute meinen Ohren nicht. Ein neues Paar Schuhe, das hatte ich mir in meinen kühnsten Träumen nicht vorgestellt. Zum Laufen trug ich ein paar Tennisschuhe, die Said zu klein geworden waren und die vor ihm schon Abdi und Shafici getragen hatten. Der rechte Schuh hatte vorne ein großes Loch und die Sohle des linken war so stark abgenutzt, dass ich genauso gut hätte barfuß laufen können. Ich spürte jedes Steinchen, jeden Zweig, jede Samenkapsel, einfach alles. Und konnte mich nicht richtig konzentrieren, weil ich aufpassen musste, wo ich hintrat, denn überall lagen Tierknochen und Ölkanister herum. Im Boden waren tiefe Risse oder dreißig Zentimeter tiefe Schlaglöcher, in denen man landen konnte.

»Ich werde alles tun, um mir die Schuhe zu verdienen. Das verspreche ich dir, Aabe«, antwortete ich, während ich mit den Fingern nach dem Band tastete, um nachzuprüfen, ob es auch wirklich da war.

»Du scheinst dir ja viel vorgenommen zu haben, meine Kleine«, sagte er, wobei er mit einer seiner Riesenhände meinen Kopf hin und her drehte und mir in die Wange kniff. Er machte Spaß, aber für mich war die Sache ziemlich ernst, wie immer, wenn es ums Laufen ging.

»Aabe, heute werde ich zehn Jahre alt …«

»Du sagst es, und deshalb wäre ein Sieg heute umso …«

Ich ließ ihn nicht ausreden:

»Ich bin jetzt zehn, und wenn ich siebzehn bin, laufe ich auf der Olympiade, du wirst sehen. Das habe ich mir fest vorgenommen.«

Er fing an zu lachen.

»2008 bin ich bei den Olympischen Spielen dabei, Aabe, mit siebzehn. Weil ich es mir vorgenommen habe«, wiederholte ich. »Du wirst schon sehen.« Pause. »Und eines Tages werde ich sogar gewinnen.«

»Lass mal hören … Wo genau in Somalia finden die Olympischen Spiele 2008 denn statt?«, fragte er sarkastisch, weil er genau wusste, dass das unmöglich war.

»Doch nicht hier in Somalia, Aabe, in China!«, sagte ich, die Finger immer noch ungläubig am Stirnband, das ich schon jetzt am liebsten nie mehr ausgezogen hätte.

»Ach so, in China. Dann musst du also *nach China*?«

»Na klar, Aabe, hier kann ich ja wohl nicht auf der chinesischen Olympiade laufen.«

Er sah mich eindringlich an und begriff endlich, dass es mir ernst war.

»Gut, Samia, ich glaube dir«, sagte er und strich mir übers Haar. »Wenn du so überzeugt davon bist, schaffst du es bestimmt.«

Er rückte seinen Stuhl zurecht, fast als wollte er mich besser sehen können, zum ersten Mal mit anderen Augen. »Du bist eine kleine Kriegerin und läufst für die Freiheit«, sagte er. »Genau das bist du, eine kleine Kriegerin.« Während er das sagte, schob er mir das Stirnband zurecht. Unsere Finger berührten sich.

»Wenn du wirklich daran glaubst, wirst du eines Tages

die somalischen Frauen aus der Sklaverei der Männer führen. Du wirst ihre Anführerin sein, meine kleine Kriegerin.«

Es war das erste Mal, dass ich das mit der Olympiade gesagt hatte, das erste Mal, dass es mir überhaupt in den Sinn gekommen war. Aber kaum hatte ich es ausgesprochen, wusste ich, dass es wahr werden würde. Anscheinend brachte schon die Aussicht auf ein Geschenk meines Vaters etwas aus mir hervor, von dem ich nicht einmal wusste, dass ich es besaß. Seine Worte hatten sich wie ein Siegel auf mein Herz gelegt.

Alì brachte mich an dem Tag in einer Schubkarre an die Startlinie. Damit ich nicht schon bei der Ankunft müde war. Ich hatte alles versucht, um ihn davon abzubringen, aber er beharrte darauf, denn als mein Trainer hätte ich zu tun, was er mir befahl. Und so gelangte ich auf diesem Thron an den Start. Alì hatte alles organisiert: Er setzte mich ab und fuhr dann mit dem Fahrrad eines Jungen aus unserem Viertel ins Stadion, um mich dort an der Ziellinie zu erwarten.

Es war die übliche sieben Kilometer lange Strecke, die ich schon tausend Mal gelaufen war, kein Kurzstreckenlauf, darin war ich viel stärker. Aber ich war dünn wie ein Hering, wog kaum mehr als eine Feder, wie Alì sagte, und war deshalb den anderen gegenüber klar im Vorteil.

»Du musst lernen zu fliegen, Samia«, sagte er immer wieder. »Wenn du fliegen kannst, bist du unschlagbar.«

Ich war so leicht, ich musste nur lernen, mich vom Wind anschieben zu lassen, dann wäre ich ohne die geringste Anstrengung schnell wie eine Rakete, das war seine Theorie. Anfangs hielt ich das für völligen Unsinn, dann dachte ich ein wenig genauer nach. Vielleicht hatte er gar nicht so unrecht. Ich musste versuchen, mich so leicht wie möglich zu machen, das Gewicht nach oben zu verlagern. Und versuchen, am Rand zu laufen, damit keiner hinter mir war und ich Rückenwind hatte. Wenn ich erst einmal in Führung war, würde alles einfacher sein. Dann würde mir keiner mehr die Luft rauben. Den Bodenkontakt so gering wie möglich halten, darauf kam es an.

Ich musste lernen zu fliegen.

Beim Startschuss hatte ich dann alles vergessen. Das war nie zuvor geschehen, aber seither passierte es immer wieder, jedes Mal, wenn ich gewann. In meinem Kopf entstand eine Leere, und ich konnte mich auf das Positive konzentrieren.

Am Tag meines zehnten Geburtstags spürte ich, dass das Laufen mich von allen Gedanken befreite. Und so überholte ich, dieses spindeldürre Mädchen, den vorderen Teil der Gruppe Meter um Meter, Kilometer um Kilometer und setzte mich hinter die ersten vier.

In meinem Kopf Aabes Worte und seine Geste, mit der er mir das Band auf die Stirn gesetzt hatte: »Eines Tages wirst du die somalischen Frauen aus der Sklaverei der Männer führen. Du wirst ihre Anführerin sein, meine kleine Kriegerin.«

Von da an verschlang ich bei jedem Lauf Meter um Meter und wiederholte dabei die rettenden Worte meines Vaters, immer und immer wieder, die Worte von Yusuf Omar Nur, dem Sohn von Omar Nur Mohamed.

Die Befreiung meines Volkes und der Frauen von der islamischen Herrschaft.

Sportveranstaltungen fanden immer im alten, von Gewehrsalven gemarterten Koonis-Stadion statt, mit seiner baufälligen Tribüne, die eingerüstet war, um das Unfallrisiko zu verringern, und seiner von Granatsplittern gelöcherten Bahn. Das neue Stadion nutzte das Militär seit Beginn des Krieges als Lager. Auf dem Rasen befanden sich anstelle der Athleten Panzer und Soldaten. Auf den Rängen Offiziere statt Zuschauer.

Fünfhundert Meter vor dem zerstörten Gebäude war ich noch Vierte. Beim Einbiegen in die Jidka Warshaddaha, am Horizont der ungleichmäßige Umriss des Stadions, hörte ich im Kopf Alìs Stimme, die mich anspornte, den Rückenwind zu nutzen und mir den Sieg zu holen. Ich weiß nicht, woher ich die Kraft nahm, aber ich fing an zu fliegen. Nach und nach zog ich an den beiden Jungs vor mir vorbei.

Als ich ins Stadion einlief, zitterten mir beim Anblick der Menschenmassen auf den Rängen fast die Knie. Man spürte ihre Erregung, ihre Hoffnung, man spürte, dass sie jemanden gewinnen sehen wollten.

Und dieser Jemand wollte ich sein.

Ich lief als Zweite ins Stadion ein. Meter um Meter arbeitete ich mich auf der mit Löchern übersäten Tartanbahn vor. Der Läufer an der Spitze schien seine Kräfte schlecht eingeteilt zu haben. Während ich noch eine Reserve hatte, rang er schon nach Luft und fiel mit jedem Schritt zurück.

Und dann geschah das Wunder: Die Leute auf den Rängen fingen an zu rufen: Abaayo – Schwester. Sie hatten gemerkt, dass ich schneller war, und sie wollten, dass ich siegte. Abaayo, Abaayo.

Jeder Ausruf trieb mich weiter an.

Nach der ersten Kurve hatte ich den Jungen vor mir erreicht, nach vier langen Schritten hatte ich ihn überholt.

Da sprang das Publikum auf, ungläubig und erregt. Alle applaudierten der kleinen Abaayo. Ihr rhythmisches Klatschen spornte mich nur noch mehr an.

Klatsch-klatsch. Klatsch-klatsch. Klatsch-klatsch.

Meine Beine bewegten sich wie durch eine fremde Kraft gesteuert, sie zogen mich wie ein Triebwagen einen Waggon oder wie die Wellen das Meer.

Ich lief als Erste über die Ziellinie.

Und konnte es nicht fassen.

Mit erhobenen Armen lief ich die letzten Meter hinter dem Ziel, getragen vom Schwung all der Kilometer.

Als ich die Hände auf die Knie stützte, spürte ich eine merkwürdige Wärme auf den Wangen: Zwei Tränen rollten über das Gesicht der kleinen Kriegerin. Ich wischte sie sofort weg, bevor ich mich wieder aufrichtete. Todmüde strotzte ich doch vor Energie und hätte mich auf dem Absatz umdrehen und die ganze Strecke zurücklaufen können, bis zum Start.

Die Menge um mich herum jauchzte, schrie, ausgelassen und glücklich. In dem wahnsinnigen Jubel spürte ich ihre Gedanken: Sie kann nicht gewonnen haben, unmöglich, sie ist doch noch ein Kind.

Ich konnte es selbst nicht glauben. Aber nach ein paar Minuten der Verwirrung hängte man mir eine Medaille um den Hals. Und sie war der Beweis dafür, dass alles wahr war.

Alì und ich warteten in der Umkleide, bis die Menschenmenge das Stadion verlassen hatte. Er sprach mit vielen Leuten, die wissen wollten, wer ich war. Er stellte sich als mein Trainer vor, und alle mussten lachten, er war ja erst zehn. Für sein Alter war er groß, groß und dürr, aber auch er war kaum mehr als ein Kind. Trotzdem benahm er sich schon seit Jahren wie ein Mann.

Wir liefen auf der markierten Strecke nach Hause. Unterwegs erzählte mir Alì, was er empfunden hatte, als er mich ins Stadion hatte einlaufen sehen, und davon, wie begeistert die Menge gewesen war, als ich überholt hatte. Sie hatte gebebt. Wie so oft begegneten uns Leute, die mich von Kopf bis Fuß musterten und den Kopf schüttelten, weil ich herumlief wie ein Junge. Manche murmelten Unverständliches, bevor sie weitergingen. Ungefähr auf halbem Weg hielt uns ein alter Mann mit langem Bart und hagerem Gesicht an. Nachdem er mich vorwurfsvoll angesehen hatte, fing er mit der üblichen Leier an:

»Wo ist denn dein Hidschab, Kindchen? Hast du vielleicht vergessen dich anzuziehen, bevor du aus dem Haus bist?«

»Sie ist Athletin, mein Herr«, antwortete Alì für mich. »Und sie hat gerade einen Wettlauf gewonnen. Sie verlangt den Respekt, den Athleten verdienen.« Es war das erste Mal, dass Alì mich in der Öffentlichkeit als Athletin bezeichnete. Der Alte sah uns verwirrt an und wusste nicht so recht, was er entgegnen sollte.

»Und du? Wenn sie Athletin ist, was bist du dann?«, fragte er.

»Ich bin ihr Trainer. Und ihr Sprecher. Wenn diese Athletin eines Tages Weltruhm erlangt, werden Sie sich an unser Gespräch erinnern, mein Herr.« Dann prusteten wir beide los. Der Mann brummte irgendwas und ging kopfschüttelnd weiter.

Ich war eine Athletin geworden. Zum zweiten Mal, seit Alì beschlossen hatte, mein Trainer zu sein. Aber dieses Mal ein bisschen mehr.

Es war schon später Nachmittag, Wind war aufgekommen. Wenn es in Mogadischu windig wurde, konnte man nur zwei Dinge tun: den Mund zu lassen, damit der Staub einem die Kehle nicht bis ans Lebensende austrocknete, und schnellstens irgendwo unterkommen, damit er einen nicht von Kopf bis Fuß bedeckte.

Wir holten tief Luft und rannten nach Hause. Ich war nicht müde, ich hätte noch zehn Stunden weiterlaufen können. Plötzlich, wie ein Meteorit im Sturzflug, fiel an der Kreuzung zur großen Allee, vom Wind von wer weiß woher geweht, eine Ausgabe der *Banadir* auf mich. Die Zeitung traf mich direkt an der Schulter und landete dann auf dem Boden, wo sie aufgeschlagen auf einer Seite mit einem Bild eines Jungen liegen blieb, der mir bekannt vorkam. Neugierig bückte ich mich, um nach der Zeitung zu greifen, bevor der Wind sie weiterwehen konnte.

Das Bild zeigte Mo Farah, den Läufer, der Mogadischu verlassen hatte, als er ungefähr so alt war wie ich. Er hatte in England Zuflucht gefunden, wo er mit der Unterstützung eines erfahrenen Trainers viele bedeutende Wettkämpfe gewann. Er war schon immer eines meiner Idole gewesen, eine feste Größe. Wie ich gebürtiger Somalier, hatte er es geschafft, Läufer zu werden, und in der ganzen Welt Siege errungen. Von seinen Erfolgen und seinem Talent wurde viel berichtet. Jedes Mal, wenn ich etwas im Radio hörte, in der Bar von Taageere, oder mir jemand etwas von Mo Farah erzählte, spürte ich einen merkwürdigen Druck in der Magengrube, irgendwas zwischen Wut, weil er geflohen war, und grenzenloser Bewunderung, so grenzenlos, dass ich träumte, selbst so zu werden wie er. In der Überschrift stand, dass er ein Champion war und aus Somalia hatte fliehen müssen.

Alì war schon ein gutes Stück weitergelaufen. Schnell riss ich die Seite raus, faltete sie und folgte ihm. Mos Gesicht, das mich im Wind angesehen hatte, musste ein Zeichen sein, dachte ich, während ich weiterrannte. Die Medaille in der einen, den Ausschnitt in der anderen Hand, ließ ich mich, federleicht, von den Windstößen tragen.

Zu Hause erzählte Alì zuerst allen von meinem Sieg, dann zeigten wir die Trophäe herum. Hooyo war gerührt. Hodan und Hamdi machten sich lustig über sie und äfften sie nach, wie sie ihre Tränen mit einem Taschentuch abwischte und sich dann laut prustend die Nase putzte.

In einer Ecke saßen nah an der Mauer Nassir und Ahmed auf dem Boden und spielten Griir. Ahmed. Wir hatten ihn schon lange nicht mehr gesehen, er kam nicht mehr so oft in den Hof. Als Alì mit der Medaille in der Hand vor sie trat, hob Ahmed nicht einmal den Blick von den Steinchen. Nassir sah den Bruder kurz an und redete dann weiter mit seinem Freund.

Alì war wie versteinert. Sowohl Ahmed als auch Nassir sahen ernst und feindlich drein, ihre Pupillen waren geweitet. Yassin hatte von dem Tisch aus, an dem er mit Aabe Karten spielte, die ganze Szene beobachtet.

»Hör deinem Bruder zu, Nassir«, rief er.

Nassir und Ahmed ließen sich nichts anmerken. Sie machten weiter ihre langsamen, mechanischen Bewegungen, als gäbe es die Welt um sie herum gar nicht, als wären wir alle nur Schatten ihrer Vorstellung.

»Nassir! Du sollst Alì zuhören, habe ich gesagt!«, rief Yassin noch lauter und stand mit drohender Miene auf. In Zeitlupentempo hob Nassir den Kopf und sagte in einem trägen Singsang:

»Ist ja gut, Aabe, ich hab's gesehen, reg dich nicht auf. Samias Medaille. Heute gewonnen. Ich hab's gesehen. Tut mir leid, aber es interessiert mich nicht besonders. Reg dich doch nicht auf wegen so einer Kleinigkeit. Spiel lieber weiter.«

Yassin starrte ihn an, feindselig zuerst, dann niedergeschlagen. Er murmelte irgendwas über Ahmed und schickte ihn mit einer Geste zum Teufel. Dann setzte er sich wieder. Ich hörte, wie er zu Aabe sagte: »Ich schaff das nicht alleine. Ohne meine Yasmin. Manchmal habe ich das Gefühl, ich schaffe es nicht.«

»Red keinen Blödsinn«, antwortete Aabe, »du musst ihm nur verbieten, diesen Ahmed zu treffen.«

Dann rief Aabe Alì zu sich, der mitten im Hof stehen geblieben war. Mit gesenktem Kopf ging Alì zu ihm, die Medaille noch in der Hand. Er wirkte winzig. Wie ein kleines Kind. Und das war er ja auch. Aabe und sein Vater versuchten ihn aufzuheitern, aber vergebens. Seine gute Laune war verflogen. Ahmeds Anwesenheit und die Reaktion seines Bruders hatten genügt. Dann klatschte Aabe in die Hände, und alle stimmten eine Volkshymne auf meinen Sieg an.

Ahmed tauchte danach nie wieder bei uns auf.

Nach dem Abendessen gab es ein großes Fest für mich. Hussein, Hodans Verlobter, hatte einen Sesamkuchen mitgebracht, den seine Mutter extra gebacken hatte. Falls ich gewann, kam er gerade recht für unsere Feier. Falls nicht, gab es ihn zum Trost.

Hodan und Hussein würden bald Hochzeit feiern. Aabe hatte glücklich eingewilligt, als Hussein um die Hand seiner Tochter angehalten hatte. Er musste nicht lange darüber nachdenken. Unsere Familien hatten sich bereits kennengelernt. Aabe mochte den jungen Mann, der immerhin schon zwanzig war, fünf Jahre älter als Hodan, und den Vater seines zukünftigen Schwiegersohns mochte er auch. Die Familie war wohlhabender als unsere. Als ich von der geplanten Heirat erfuhr, war ich zuerst eifersüchtig. Ich wollte nicht, dass mir jemand meine Lieblingsschwester wegnahm. Aber dann versuchte ich zu verstehen, sah, dass Hodan glücklich war, und freute mich für sie. Hussein war sympathisch, höflich und immer gut gekleidet. Er hatte mich gleich gemocht und mich »Champion« genannt.

Alle freuten sich an diesem Abend für mich, aber der Glücklichste war Aabe, der mich zur Seite nahm, mich auf den Kopf küsste und mir ins Ohr flüsterte: »Gut gemacht, mein Kind. Ich hab's doch gesagt.« Er stand auf, stützte sich auf den allgegenwärtigen Stock und hinkte in sein Zimmer. Mit einer großen schwarzen Plastiktüte in der Hand kam er wieder heraus. Drin waren ein Paar Turnschuhe. Weiße. Und so neu, wie ich noch nie welche gesehen hatte.

Fast wäre ich vor Freude in Ohnmacht gefallen. Ich zog die Schuhe an und sprang wie eine Irre überall herum. Dann hielt ich nach Alì Ausschau, meinem Trainer. Er war nicht da. Yassin schüttelte den Kopf und deutete auf ihr gemeinsames Zimmer. Alì hatte sich eingeigelt. Schon wieder. Weil Ahmed da war. Zumindest hatte er sich dieses Mal nicht den Baum ausgesucht.

Leise schlich ich mich an und stürmte dann ins Zimmer, um die Schuhe zu präsentieren. Alì lag auf seiner Matratze, das Gesicht in der Armbeuge vergraben. Ich sprach ihn an, aber er antwortete nicht. Ich fragte, ob er sie anprobieren wolle, aber es war, als hörte er mich überhaupt nicht. Wenn ihn das nicht interessierte, interessierte ihn gar nichts mehr.

Ein Paar nagelneue Turnschuhe hätten ihn normalerweise sofort wieder zum Leben erweckt.

Das war alles Ahmeds Schuld.

Ich hätte es ihm gerne heimgezahlt, auch wenn er so atemberaubend schön war. Aber das war mein Fest, ich war eine Athletin und hatte gesiegt: Jetzt musste gefeiert werden.

Nach zwei Stunden Springen und Singen konnte ich es kaum mehr abwarten, ins Bett zu gehen und Hodan von dem Zeitungsausschnitt zu erzählen, den ich unter die Matratze gestopft hatte.

Ich war an dem Nachmittag mit einer Medaille, aber auch mit einem Traum heimgekommen: Eines Tages würde ich die Olympischen Spiele gewinnen und Hodan würde eine berühmte Sängerin werden, auch dank der Familie ihres Mannes. Sie würde die Befreiungshymne unseres Volkes schreiben. Aber anders als Mo Farah würden wir beide das für Somalia machen. Ich würde den Sieg im blauen Trikot mit dem weißen Stern erringen. Und sie genauso. Wir würden die Frauen befreien. Und dann unser Land aus dem Krieg führen. Ich war mir sicher, ganz tief im Innern, dass wir gemeinsam die Kraft hatten, die Welt um uns herum zu verändern.

Abends im Bett erzählte ich ihr davon. Hodan drückte fest meine Hand und sagte Ja. Wir würden Mogadischu niemals verlassen. Wir würden nicht fliehen. Wir würden zum Symbol der Befreiung werden. Bevor ich einschlief, legte ich die Medaille unter die Matratze und holte den Zeitungsausschnitt mit Mo Farahs Bild hervor. Ich befeuchtete die vier Ecken mit Spucke und klebte das Foto an die Lehmwand, wenige Zentimeter über meinem Kopf.

Dann sah ich ihm in die Augen und gab auch Mo Farah ein Versprechen. Ich wollte Champion werden, genau wie er. Und er sollte mich jeden Abend daran erinnern.

8

Ein paar Monate später, kurz vor ihrem sechzehnten Geburtstag, heiratete Hodan.

Die *aroos*-Zeremonie war unvergesslich. Sie fand in einem elegant geschmückten Festsaal statt, den Husseins Familie gemietet hatte, wie es die Tradition verlangte. Stundenlang aßen, redeten und tanzten wir zusammen mit der Hälfte der Bewohner unseres Viertels, das auch Husseins Viertel war.

Hodan trug das weiße Kleid, das schon unsere Mutter auf ihrer Hochzeit getragen hatte, und sie war strahlend schön. So schön hatte ich sie noch nie gesehen.

Die Nacht zuvor konnte ich nicht schlafen. Keine Sekunde. Hodan und ich hielten uns die ganze Zeit an den Händen, und als sie endlich einschlief, konnte ich gar nicht aufhören, daran zu denken, dass wir das letzte Mal nachts so nah beieinanderlagen. Als ich aufstand, waren meine Augen rot geweint und dunkel umschattet vor Müdigkeit.

Trotzdem war die siebentägige Hochzeitsfeier ein Traum. Ich hatte mein ganzes Leben nichts Schöneres erlebt.

Wir Mädchen und Hooyo waren ganz bunt angezogen, unsere *qamar*, *diric* und *garbasaar* schillerten in allen Farben des Regenbogens. Schleier, Schleier, Schleier. Und die Leichtigkeit und das Flattern und der Zauber all dieser Schleier. Eigentlich war es nichts für mich, Kopf und Körper zu verhüllen. Aber an dem Tag fühlte ich mich zum ersten Mal stolz in der traditionellen Kleidung.

Am Morgen war das noch ganz anders gewesen. Da wollte ich nämlich nicht aus unserem Zimmer kommen, so sehr schämte ich mich, in den Hof zu gehen, wo alle nur darauf warteten, mich in diesem vollkommen ungewohnten Aufzug zu sehen.

Ich wollte das Haus nicht verlassen. Im Zimmer hatten wir keine Spiegel, aber auch ohne mich zu sehen, fühlte ich mich unwohl. So herausgeputzt saß ich auf der Matratze, als Hooyo hereinkam.

Bei meinem Anblick verzogen sich ihre Lippen zu einem breiten Lächeln.

»Du bist wunderschön, mein Kind. Komm, steh auf.«

»Ich fühle mich lächerlich, Hooyo. Ich will nicht, dass die Leute mich so sehen«, sagte ich leise.

Wortlos verließ sie den Raum, und als sie zurückkam, hatte sie einen blütenweißen Schleier und einen großen Spiegel dabei, den sie sich bei einer Nachbarin geliehen hatte. Sie legte mir den Schleier um die Schultern und steckte die Haare mit einer Nadel zu einem Dutt auf. Mit Kajal zog sie mir die Augen nach, den Mund mit Lippenstift. Die ganze Zeit saß ich da wie versteinert.

Hooyo trat ein paar Schritte zurück und sagte wieder:

»Du bist wunderschön, mein Kind. Wenn heute nicht der Hochzeitstag deiner Schwester wäre, würde ich sagen, du bist schöner als die Braut.«

Sie nahm den Spiegel hoch, den sie an die Wand gelehnt hatte, und forderte mich auf, mich anzusehen.

Was ich sah, erstaunte mich. Da sah mich kein Kind an, sondern eine hübsche junge Frau mit sanften und ebenmäßigen Zügen.

Das war ich, und ich war schön. Ich hätte das nie geglaubt.

Als ich schüchtern durch die Tür trat, sah Hodan mich mit unverhohlener Bewunderung an.

»Du siehst umwerfend aus, meine kleine Abaayo«, sagte sie gerührt, während Hooyo ihr schnell die Tränen abtupfte, damit die Schminke nicht verlief.

»Du bist wunderschön, meine liebe Hodan und junge Braut«, antwortete ich, wie es sich am Tag der Hochzeit gehörte. »Vergiss uns nicht.«

Stundenlang feierten wir ausgelassen, selbst Aabe tanzte, auf seinen Stock-Freund gestützt, mit all seinen Töchtern. Dann tanzte er eng umschlungen mit Hooyo, wie wir es noch nie zuvor gesehen hatten. Sie wirkten wie zwei frisch Verliebte. Und Hooyo strahlte in ihren weißen Schleiern, innerhalb eines einzigen Tages war sie zwanzig Jahre jünger geworden, sie hätte unsere Schwester sein können.

Wir tanzten und sangen bis tief in die Nacht, die Shamsudiin spielten *niiko*-Musik dazu. Aber das Bewegendste der ganzen Feier waren Hodans Lieder. Zu unserer Überraschung hatte sie für all diejenigen, die ihr besonders am Herzen lagen, Lieder geschrieben. Eins für Hooyo voller Zärtlichkeit und Dankbarkeit; eins für Aabe voller Hoffnung und Versprechen; eins für Hussein voller Liebe; und eins für mich, ihre kleine Schwester und Kriegerin. Wir holten die Taschentücher heraus und weinten wie Kinder, bis sie geendet hatte.

Dann warteten alle auf das Lustigste an der ganzen Hochzeit: die Scherze, die mit Hussein getrieben würden. Mit dieser Tradition soll der Familie der Braut gezeigt werden, dass der Bräutigam mit jeder Situation fertig wird.

Am eifrigsten war einer seiner Onkel, ein komischer Kauz, klein und kahl, mit einem langen dünnen Schnauzbart. Er gab dem armen Hussein keine fünf Minuten Zeit, um der Braut einen frischen Obstkorb zu besorgen. Vor dem Festsaal war ein Wassermelonenfeld. Hussein kam mit einer einzigen Riesenmelone zurück. Sie war so schwer, dass seine Arme nachgaben, sein Lächeln und auch seine Knie.

Anschließend musste er einem Huhn den Hals umdrehen. Wir gingen alle in den Garten und warteten gespannt darauf, ob er sich etwas zu tun traute, wozu er bisher noch nie den Mut aufgebracht hatte. Seine Eltern legten großen Wert darauf zu betonen, dass das Huhn schon sehr alt sei. Ihm den Hals umzudrehen sei eigentlich ein Gefallen. Er zog das Jackett aus und krempelte die Ärmel seines gestärkten Hemdes hoch, während das arme Tier aufgeregt umherflatterte. Ich kniff die ganze Zeit die Augen zusammen, das ängstliche Gackern des Huhns jagte mir Schauer über den Rücken. Erst beim Schlussapplaus machte ich die Augen wieder auf.

Als letzte Prüfung musste Hussein Hodan bis zum Tisch von Hooyo und Aabe tragen. Dieser stand neben dem Tisch der Brautleute, und während Hussein mit dem Huhn beschäftigt war, hatten seine Cousins einen Hindernisparcours aufgebaut. Hodan konnte gar nicht mehr aufhören zu lachen, so viel Spaß hatte sie.

Alles war wunderbar; wir waren überglücklich.

Doch je näher das Ende der Woche rückte, in der die Hochzeit gefeiert wurde, desto tiefer senkte sich der Schleier der Traurigkeit über mich. Schon sehr bald würde meine geliebte Schwester nicht mehr bei mir sein, sondern im Haus von Husseins Eltern wohnen. Sie würde statt meiner Hussein in den Schlaf singen, sie würde meine Hand nicht mehr halten, würde mich nicht mehr in wunderbare Träume voll Hoffnung und Befreiung begleiten. Das alles würde sie jetzt mit ihm machen.

Ich würde mich mit den Vormittagen begnügen müssen.

Wir sahen uns nämlich weiterhin jeden Tag auf dem Schulweg. Wir trafen uns auf halber Strecke zwischen ihrem neuen Zuhause und unserem, die kaum einen halben Kilometer auseinanderlagen, und gingen das letzte Stück zusammen.

Sie erzählte mir, was es bedeutete, eine Ehefrau zu sein und mit sechzehn bei Leuten zu wohnen, die dich zwar mochten, aber eben doch irgendwie Fremde blieben. Da musste man erwachsen werden, man hatte gar keine andere Wahl. Ich wollte niemals einen Mann heiraten und war jeden Tag mehr davon überzeugt, dass es mein einziger Wunsch war, eine Tartanbahn ohne Schlaglöcher und ein Paar gute Laufschuhe mit Spikes zu ehelichen.

Wenn wir uns morgens trafen, nahm Hodan mich in den Arm, küsste mich auf den Kopf und sagte mir, dass ich ihr fehlte. Ich gestand ihr, dass ich hin und wieder schlecht träumte, seit sie weg war. Dann fragte sie mich nach den anderen, wie es Aabe und Hooyo ging und unseren Geschwistern, und wollte auch die unwesentlichste Neuigkeit erfahren, obwohl sie mindestens einmal die Woche mit Hussein zum Essen zu uns kam. Sie wollte alles wissen, als wären wir Lichtjahre voneinander entfernt. Ihre Augen glänzten ungeduldig und sehnsüchtig, solange ich ihr nicht jede Minute unseres veränderten Familienlebens erzählt hatte.

Unsere Schule war weder groß noch besonders schön, von den Wänden blätterte die Farbe und die Bänke waren abgenutzt, aber immerhin war es eine Schule, und ich fühlte mich wohl dort. Ich mochte den Unterricht, besonders Sport, denn da war ich die Beste, aber Mathe und Rechnungswesen gefielen mir auch ganz gut. Am allerliebsten mochte ich Geometrie. Es war großartig zu erfahren, dass sich hinter unseren Feldern, den Rechtecken der Höfe oder den Klolöchern Gesetzmäßigkeiten verbargen. Oder beispielsweise hinter dem Kreis, den der Burgico nach dem Kochen auf der Erde zurückließ. Für mich hatte das etwas Magisches, es gab mir ein Gefühl der Sicherheit. Wenn es Regeln zur Erklärung des Universums gab, konnte es nicht so grausam sein. Vielleicht entdeckten wir ja eines Tages die Gesetze, weshalb die Menschen Krieg führten, und könnten ihn an diesem Tag für immer begraben. Das wäre der schönste Tag in der Geschichte der Menschheit.

Aber das Beste war die Pause. Hodan und ich hatten immer Reis und Gemüse gegessen, daran hatte es, besonders seit Hooyo arbeitete, nie gefehlt. Aber jetzt lebte Hodan in einer reicheren Familie als unserer, und da brachte sie manchmal Fleisch mit. Hussein arbeitete wie sein Vater als Elektriker, und in einem Land, in dem Krieg herrschte und jeden Tag eine Menge kaputtging oder zerstört wurde, gab es für Elektriker immer Arbeit.

Fünf Minuten verbrachte ich mit Essen, den Rest mit Spielen. Verstecken zum Beispiel. Es gab nicht viel, wo man sich verstecken konnte, man musste sich etwas einfallen lassen. Manchmal setzte ich mich zu einer Gruppe essender und schwatzender Mädchen auf den Lehmboden im Hof und hoffte, übersehen zu werden. Oder ich lief hinter den Stamm einer Akazie. Oder hinter die große Mülltonne.

Oder hinter die Lehrerinnen, die lachten, wenn wir uns unter ihre Garbasaar duckten. Jedenfalls war ich, wenn ich entdeckt wurde, immer am schnellsten an der Mauer hinten im Hof.

Wenn Hodan und ich nachmittags wieder zu Hause waren, wussten wir, dass wir einen sinnvollen Tag verbracht hatten. Aabe sagte immer: »Esst die Suppe, solange sie heiß ist!« Noch so eins von seinen italienischen Sprichwörtern. Versucht, die Schule zu genießen, und bedenkt, dass sie ein Privileg ist und kein Ärgernis. Genießt sie, solange Geld da ist, denn im Krieg lebt man von einem Tag auf den nächsten.

Wenn wir uns an der Ecke der Jamaral-Daud-Allee verabschieden mussten, gab es Tränen. Bei mir und bei ihr, jeden Tag. Es spielte keine Rolle, dass wir uns am nächsten Tag wiedersahen, wir wollten uns nicht trennen. Deshalb erfanden wir tausend Ausreden, um zusammenzubleiben.

Ab und zu ging ich zu den Proben der Shamsudiin-Band, um sie singen zu hören. Das waren zehn Musiker, die sich an drei Nachmittagen in der Woche in der Nähe des alten Hafens in einem großen Konzertsaal – oder dem, was davon übrig war – trafen. Auf dem Weg dorthin gab es eine Stelle, von der aus man zwischen den Häusern hindurch das Meer sehen konnte. Manchmal taten wir alles, um bloß nicht hinzuschauen. Es gab Tage, da war es einfach zu schmerzhaft, Tage, an denen die Sonne am klaren blauen Himmel stand und eine frische Brise vom Wasser herüberwehte. Schmerzhaft war es besonders für Hodan, die als kleines Mädchen noch baden gehen und im Sand spielen konnte und sich daran erinnerte, wie schön das gewesen war.

Wenn wir damals glücklich oder unbekümmert waren, fragte eine von beiden bloß: »Wollen wir es anschauen?«, und die andere antwortete immer Ja. Dann versteckten wir uns in einer Lücke zwischen den Häusern, damit uns kein Milizionär erwischte, und betrachteten eine Stunde lang das Meer. Uns an den Strand zu wagen, wie ich es früher mit Alì gemacht hatte, kam uns überhaupt nicht mehr in den Sinn.

So standen wir, die Säume unserer Garbasaar auf der weißen, feinen Erde, schweigend da, in einem schmalen Spalt zwischen zwei Häusern, und betrachteten den Horizont.

Mit dem Spiel der Sonne auf den Wellen ließen wir unsere Gedanken schweifen. Worte waren überflüssig. In diesen Momenten war alles genau so, wie es sein sollte, wir verlangten nichts weiter, keine Veränderung. Nur auf diese Weise zusammenbleiben, für immer.

Es war schön, Hodan beim Singen zuzuhören. Hinter der kleinen Bühne, auf der die Band spielte, stand ein berühmtes somalisches Sprichwort geschrieben, aber vielleicht war es nur für mich berühmt, weil Hodan es mir immer wieder sagte: *Durbaab garabkaga ha kugu jiro ama gacalgauga ha kuu rumo*, was so viel heißt wie »Lass die Musik kommen, die Musik ist die Hauptsache«. Das war ihr Motto, ihr Lebenssinn.

Hodan saß mitten auf der Bühne auf einem Stuhl und hielt mit aufeinanderliegenden Handflächen den Takt. Ab und zu klatschte sie den *sacab*, einen festeren Schlag, mit dem sie den anderen Musikern ihren Einsatz vorgab. Hinter ihr spielte ein Musiker *shareero*, das ist eine Art Harfe, ein weiterer *kaban*, eine Laute, und andere spielten Trommeln und *shambal*, zwei Holzstäbe, die man wie Klappern aneinanderschlägt, daneben spielte ein Musiker *gobeys*, eine merkwürdige Flöte. Und einer spielte *koor*, so heißt die Glocke, die Kamele am Hals tragen, und anfangs musste ich darüber lachen, denn wenn ein Kamel dieses Instrument spielen konnte, wozu brauchte man dann einen Menschen?

Wenn Hodan ihre Lieder singen konnte, verwandelte sie sich. Ihr Gesicht entspannte sich. Mit jeder neuen Melodie ließ sie sich von der Musik ihrer eigenen Stimme davontragen, schloss die Augen und lächelte verzückt. Auf dem Nachhauseweg sprach ich sie darauf an:

»Du siehst aus wie in Ekstase, wenn du singst. Als hättest du Geschlechtsverkehr«, sagte ich absichtlich, damit sie rot wurde.

»Geschlechtsverkehr, so ein Quatsch. Du weißt ja gar nicht, wovon du redest«, antwortete sie und drehte den Kopf zur Seite, weil sie rot wurde.

»Und ob ich das weiß! Alì hat mir alles über Geschlechtsverkehr erzählt! Sein Freund Nurud sagt, dass er schon mal welchen hatte und dass die Frauen in Ekstase so komische Gesichter machen. Als würden sie zu Allah beten und Allah würde plötzlich Antwort geben.«

»Tss, dann sag Alì mal, er soll seinem Freund ausrichten, dass er keine Ahnung hat.«

»Doch. Genauso siehst du aus, wenn du singst!«

»Wenn ich singe, sehe ich nach gar nichts aus!« Hodan wurde wütend und sagte, dass sie ab sofort nur noch mit dem Rücken zum Publikum singen würde oder mit einer Papiertüte über dem Kopf.

Meistens dauerten die Proben zwei bis drei Stunden, und ich fing an, mich zu langweilen. Ich ging dann in den hinteren Bereich der Halle und machte Dehnübungen. Alì bestand damals auf Muskelaufbau in den Beinen, und dünn, wie ich war, hatte ich immer das Gefühl, die Muskulatur sei zum Zerreißen gespannt.

9

Seit Hodan ausgezogen war, kam Alì fast jeden Abend, und wir spielten zusammen auf der leeren Matratze. Oft schlief er dort ein, wurde dann plötzlich wach, ging über den Hof und schlief im Zimmer bei seinem Vater und den Brüdern weiter. Anfangs tröstete er mich über Hodans Abwesenheit hinweg.

Nach dem Essen blieben wir nicht wie früher zum Spielen im Hof, sondern gingen ins Zimmer und redeten im Mondlicht bei gelöschtem Ferus so lange miteinander, bis meine Geschwister kamen. Meistens sprachen wir von der Zukunft, wie damals auf dem Eukalyptusbaum, als wir klein waren. Aber wir waren älter geworden, das sah ich vor allem an Alìs Händen, die mir jetzt riesig vorkamen. Alì sah mich schon als weltberühmte Läuferin vor sich, er sagte, eines Tages würden Leute aus allen Winkeln der Erde anreisen, nur um mich zu treffen und sich mit mir fotografieren zu lassen. Ich musste lachen und konnte mir nichts von alldem vorstellen. Sollte es so kommen, würde ich mich schuldig fühlen, weil es doch völlig unsinnig wäre, nur für ein Treffen mit mir so viele Kilometer zurückzulegen. Daraufhin nahm er meine Hand in seine langen, knochigen Finger, drückte sie fest und wiederholte: »Stell dir nur vor, wie viele Leute dann deine Hand halten wollen, so wie ich jetzt.«

Er wollte nicht in Somalia bleiben. Er wollte es machen

wie Mo Farah. Aber erst wenn er ein bisschen älter wäre, denn mit elf konnte man »die Reise«, wie alle das nannten, noch nicht machen. Zu gefährlich. Immerhin musste er ganz oben nach Europa, nicht etwa nur nach Italien oder Griechenland. Genau wie Mo wollte er ohne Umwege in England an Land gehen.

Während er sprach, betrachtete er fasziniert das Bild an der Wand. Ein Freund seines Bruders hatte die Reise gemacht und erzählt, dass man als Kriegsflüchtling in Nordeuropa eine Wohnung und Geld bekam. Aber für Alì war England das Land der unbegrenzten Möglichkeiten, und außerdem, sagte er, war es dort nicht so kalt wie in Finnland oder in Schweden, wo man auf dem Weg zum Einkaufen ohne Weiteres erfrieren konnte.

Wir erzählten uns immer Geschichten darüber, wie wir uns unsere Zukunft vorstellten. Dabei fühlten wir uns wohl. Auch wenn wir draußen Geschützfeuer hörten. Vor allem Alì liebte es, zu erzählen, und ich liebte es, ihm zuzuhören. Seine Geschichten entwickelten sich immer weiter, passten sich immer mehr unseren Vorstellungen und Wünschen an. Es war beruhigend, den Ausgang zu kennen, es war schön, die Abende so zu verbringen. Nicht so schön wie Hodans zauberhafte Stimme, aber fast. In diesen Wochen, diesen Monaten, teilten Alì und ich alles miteinander, ohne Angst oder Geiz: Wir schenkten einander unsere Träume.

Aber es kam immer der Moment, in dem er sagte, dass ich mein Land verlassen würde, wenn ich erst mal Champion wäre, und immer fingen wir dann an zu streiten. Alles durfte er sagen, nur das nicht. Eines Tages würde sich alles ändern, das wusste ich, und ich war mir sicher, dass ich dabei eine wichtige Rolle spielen würde. Aber Alì sagte, am

Ende würde ich nachgeben, nach England gehen und wie Mo Farah für die englische Königin antreten. Ich würde die Olympischen Spiele für sie gewinnen.

Er wollte mich wütend machen, und das gelang ihm bestens. Wenn er dann noch behauptete, ich würde Mo heiraten und wir würden das berühmteste Sportlerehepaar der Welt werden, konnte ich mich nicht mehr länger beherrschen. Ich knallte ihm eine, aber er lachte nur, warf mich auf die Matratze, packte mich an beiden Armen, sprang auf mich und hielt meine Handgelenke mit seinen Knien fest. Dann kitzelte er mich, bis ich um Gnade flehte und ihn mit Tränen in den Augen bat aufzuhören.

»Nur wenn du zugibst, dass du irgendwann aus Somalia weggehst und Mo Farah heiratest«, sagte er und kitzelte mich, bis ich fast nicht mehr konnte.

»Okay, okay, schon gut, schon gut… Ich werde das Land verlassen…«

»Du wirst das Land verlassen und…?«

»Ich werde das Land verlassen und… Mo Farah heiraten!«

»Siehst du, ich hatte recht!«

Wir mussten beide lachen und schlossen Frieden. Manchmal steckte einer der Großen, angelockt vom Geschrei, den Kopf durch die Tür. Wenn er sah, dass wir spielten, murmelte er irgendwas vor sich hin und verschwand wieder.

Wenn wir so nebeneinanderlagen, fing Alì manchmal an zu singen. Ich hatte ihm erzählt, dass ich Hodans Gesang so liebte, und um mich zu veräppeln, piepste er mit Fistelstimme herum, als wäre er eine Frau. Aber er sang so schief, dass wir meistens wieder anfingen, uns zu raufen und uns um die Wette zu kitzeln.

An solchen Abenden war Alì wieder der, der er immer gewesen war. Nur in meinem Beisein verschwand die Schwermut, die sonst wie ein Schleier auf seinen Augen lag. Ich machte mir Sorgen um ihn. Oft fragte ich ihn, was mit ihm los sei, ich versuchte, über Ahmed zu sprechen, der sich seit dem Abend, an dem ich den Stadtlauf gewonnen hatte, nicht mehr bei uns hatte blicken lassen. Ich spielte auf das Zusammentreffen an, als er uns vor den zwei Milizionären beschützt hatte. Aber Alì antwortete nie. Ich musste das Thema nur ansprechen, und sein Gesichtsausdruck wurde noch finsterer.

10

Alì war weiterhin mein Trainer. Er war in die alte Stadtbibliothek gegangen und hatte alle Athletik-Lehrbücher ausgeliehen, die er finden konnte. Monatelang zwang er mich jeden Nachmittag, sie ihm im Hof vorzulesen. Und schließlich gelang uns das Unmögliche: Dank seiner Leidenschaft für das Laufen lernte Alì lesen.

Er sagte immer, wenn das Herz der Motor sei und der Atem das Benzin, dann seien die Muskeln die Kolben, und die müssten stark sein und schnell reagieren. Nachmittags oder später am Abend, wenn alle schon in ihren Zimmern waren, ließ er mich im Hof ein ums andere Mal 30-Meter-Sprints laufen, von einer Seite zur anderen. Manchmal hundert hintereinander. Ich startete an der hinteren Mauer und rannte, so schnell ich konnte, zum Eingang. Dann drehte ich mich um und rannte wieder zurück. Und dann wieder und wieder, bis ich mich erledigt auf den Boden warf.

»Bitte Alì, es reicht«, flehte ich schweißüberströmt. Der Staub klebte überall an meinem Körper.

»Erinnerst du dich an Regel Nummer eins, Samia? Jammer nicht rum und tu, was ich dir sage«, antwortete Alì, der auf Aabes Strohstuhl saß. Ich hasste ihn.

»Nein, es reicht, ich kann nicht mehr«, versuchte ich sein Mitleid zu wecken und tat, als würde ich ohnmächtig.

Alì zwang mich dann, noch zehn Mal zu sprinten. Und zum Abschluss noch eine Lockerungsrunde durch den Hof.

Für den Muskelaufbau der Arme hatte er leere Dosen und Plastikflaschen, die er auf der Straße oder auf dem Bakara-Markt fand, mit Sand gefüllt und daraus Hanteln gebaut. Er ging sehr gerne auf den Markt, er mochte völlig überlaufene Orte, an denen Tausende von Leuten gleichzeitig redeten und herumliefen, sich anrempelten und vorwärtsschoben wie geschäftige Ameisen. Ich konnte das überhaupt nicht leiden. Nicht nur wegen der Masse von Menschen oder dem Geruch nach Schweiß, der unter den blauen Plastikplanen hing, die zum Schutz vor der sengenden Sonne über den Ständen aufgespannt wurden, sondern weil Bakara mir Angst machte. Auf diesem größten Markt in der Stadt wurden die meisten Attentate verübt. So viele Menschen auf einem Haufen – das gefiel auch den Clan-Anführern und den Al-Shabaab-Extremisten. Ich wollte nie mit, aber Alì, der vor nichts Angst hatte, erfand tausend Ausreden, um immer wieder hinzugehen.

Dort war er auf die Idee mit den Hanteln gekommen. Er füllte Cola-Dosen, Halbliter-, Anderthalb- und Zweiliterflaschen mit Sand vom Strand. Für die Beine hatte er aus Holz eine kleine Vorrichtung gebaut, an die er die verschiedenen Gewichte hängte, je nachdem, welche Übung ich machen sollte. Ich musste mich auf einen Stuhl setzen, er befestigte die Halterung an meinem Bein, und ich sollte sie dann anheben. Oder ich musste mich hinstellen, die Halterung an der Wade, und dann die Ferse bis zum Po ziehen. Die Gewichte waren sehr schwer. Meine dünnen Beine mussten sich unglaublich anstrengen. Erst wenn ich um Gnade flehte, bekam er Mitleid und ließ mich in Ruhe.

Wir waren damals gerade mal unglaubliche dreizehn Jahre alt. Aber wir machten das alles genau so.

Doch trotz allem, trotz unserer Nähe, verriet ich ihn an

einem der schlimmsten Tage meines Lebens. Ich tat es aus Angst, aber es blieb Verrat.

An dem Tag hatte Alì meine Zeiten nicht gestoppt, weil er seinem Vater bei der Arbeit helfen musste. Sein Bruder Nassir, der Aabe Yassin normalerweise immer half, war nicht da.

Ich war heimlich nach draußen geschlichen und ein paar Runden um den Block gelaufen. Auf dem Rückweg bemerkte ich in einer engen Gasse mit drei verlassenen Häusern einen Jungen, der an die Wand gelehnt dastand und auf den Boden starrte. Er trug eine dunkle Sonnenbrille und eins dieser schwarzen Hemden wie die Extremisten. Eine Waffe schien er nicht zu haben, keine Maschinenpistole, kein Gewehr. Ich versuchte, mir nichts anmerken zu lassen. Als ich auf seiner Höhe war, rief er mich mit leichter, fast lockender Stimme.

»Samia.«

Ich drehte mich um und sah ihn an. Ich kannte ihn nicht. Woher wusste er meinen Namen? Ich lief weiter.

»Samia, bleib stehen! Keine Sorge, ich bin ein Freund.«

Man konnte keinem trauen, Aabe hatte uns das vom Tag unserer Geburt an eingebläut. Ich wollte einfach weiterlaufen, aber der Junge gab nicht nach.

»Bleib stehen, ich will dich nur was fragen!«

Er war groß und schlank und hatte breite Schultern. Dunkle Haut. Und viele zerzauste schwarze Haare. Der lange Bart der Extremisten bedeckte sein Gesicht. Er löste sich von der Mauer und trat einen Schritt auf mich zu.

»Wo ist denn dein Freund?« Jetzt klang er entschlossen, sein Ton war schneidend.

»Welcher Freund denn?«, fragte ich und versuchte ruhig zu klingen.

»Na der, mit dem du Tag und Nacht zusammen bist.«

Er machte mir Angst. Er musste sich Ort und Zeit ausgesucht haben, weil er wusste, dass keiner vorbeikommen würde. Wer Arbeit hatte, war arbeiten, und die Gasse war menschenleer.

»Ich habe überhaupt keinen Freund, ich bin immer mit meiner Schwester zusammen«, antwortete ich nach kurzem Zögern.

»Erzähl mir doch nichts, ich weiß genau, dass du mit Alì befreundet bist. Ich weiß alles. Ich will nur wissen, wo er ist«, sagte er schroff und trat auf mich zu.

»Ich weiß nicht…«

»Du bist doch Athletin, Samia, oder? Du rennst gerne, stimmt's?«

Seine Stimme klang jetzt drohend, er stand nur noch wenige Schritte von mir entfernt. Aus der Nähe war er noch viel größer, als ich gedacht hatte, seine Schultern wirkten noch breiter. Die Sonne spiegelte sich als zwei Lichtpunkte in seiner dunklen Brille.

»Ja, ich bin Athletin«, antwortete ich mit bebender Stimme.

Der Junge schob die rechte Hand hinter den Rücken und zog plötzlich ein spannenlanges Messer hervor.

Ich wich einen Schritt zurück, bis ich mit den Fersen gegen die Wand hinter mir stieß. Ich blickte mich um, kein Mensch zu sehen, die Eingänge der Häuser alle verlassen.

Er streckte den Arm vor und zielte mit der Klinge auf mein linkes Bein, dann kam er noch näher. Er war so viel größer als ich, ich konnte nichts tun.

Ich stand da wie versteinert. Selbst wenn ich gewollt hätte – meine Glieder versagten mir den Dienst.

»Eine Athletin braucht beide Beine zum Laufen, oder?«

Ich zitterte, wusste nicht, was ich erwidern sollte, hatte schreckliche Angst.

»Ja, beide ...«

»Siehst du? Wenn du keins verlieren willst, sagst du mir jetzt, wo Alì ist. Keine Sorge, ich will ihm nicht wehtun. Ich will nur ein bisschen mit ihm plaudern. Wissen, wo er ist, und ein bisschen plaudern.«

»Ich weiß aber gar nicht, wo Alì ist.«

»Und ich glaube, du weißt es doch.« Er machte noch einen Schritt nach vorne und stand ganz dicht vor mir.

»Also ...?« Das Messer berührte jetzt meine Haut, ich spürte die Klinge heiß über meinem Knie.

»Ich weiß nicht, wo Alì ist ...«

Die Klinge fuhr mit leichtem Druck mehrere Zentimeter lang über meine Haut. Sofort trat Blut aus dem Schnitt über dem Ansatz der Kniescheibe. Mit der anderen Hand drückte er mir den Hals zu und presste mich gegen die Mauer, sein Gesicht ganz nah an meinem. Ich roch sein Rasierwasser und sah mein verzerrtes Gesicht in seinen Brillengläsern gespiegelt.

»Ach, das weißt du nicht ...« Er drückte fester. »Was ein Messer macht, wenn es ins Fleisch dringt, weißt du aber, oder? Zuerst zerschneidet es die Sehne, dann den Muskel und zum Schluss den Knochen.«

Dann nahm er den Druck von der Klinge, steckte das Messer aber nicht ein, sondern schob mit derselben Hand die Brille hoch.

Jetzt erkannte ich ihn. Die geweiteten Pupillen so nah vor meinen. Die Augen grün wie Smaragde. Drei Jahre waren vergangen, seit ich ihn das letzte Mal gesehen hatte, er war ein Mann geworden. Er musste ungefähr zwanzig sein.

Ahmed. Wie damals, als er Alì und mich erwischt hatte,

tauchte er auch jetzt aus dem Nichts auf. Der Schatten, der all die Jahre zwischen mir und Alì gestanden, meinem besten Freund das Lächeln geraubt hatte, da stand er vor mir, aus Fleisch und Blut.

Er drückte die Klinge wieder an mein Bein. Es tat sehr weh, ich hatte Angst, und obwohl ich versuchte, mich zu beherrschen, brach ich in verzweifeltes Weinen aus. Ich wollte das Bein behalten, um alles in der Welt. Ich hätte nie mehr laufen können, es wäre das Ende gewesen, das Ende meiner Träume, meiner Befreiung, alles aus und vorbei.

»Du brauchst mir nur zu sagen, wo Alì ist.«

»Ahmed …«

»Na los, Samia, nur Mut …« Er presste die Klinge stärker gegen mein Bein, mit der anderen Hand drückte er mir die Kehle zu. Ich bekam keine Luft mehr und musste husten, aber der Hals war zu eng. Rotz lief mir aus der Nase. Ich war kurz davor zu ersticken, das Bein brannte wie Feuer.

»Na los, du schaffst das … Es sei denn, du willst dich von deinem Knie verabschieden.«

Dann drückte er noch fester zu, und das Messer drang einige Millimeter ins Fleisch. Ich wurde fast ohnmächtig vor Schmerz, es fühlte sich an, als hätte er mir ein glühendes Holzstück in die Magengrube gedrückt. Ich wollte nur noch, dass das aufhörte.

»Na los, Samia …«

Ich starrte ihm mit aufgerissenen Augen ins Gesicht, das so nah vor meinem war, und atmete nicht.

»Du bist ein hübsches Ding geworden, Samia, ehrlich«, flüsterte er mit teuflischer Stimme und schob mir ein Knie zwischen die Schenkel.

Im Bruchteil einer Sekunde war mir klar, was er im Sinn hatte.

Ich gab auf.

»Auf dem Markt …«, stieß ich hervor, fast ohne es zu wollen.

Ahmed bleckte die Zähne zu einem abscheulichen Grinsen.

»Auf welchem Markt? In Bakara?«

»Mit Yassin … mit seinem Vater, auf dem Markt … in Xamar Weyne …«

»So ist's brav, Samia. Bist ein braves Mädchen, wusst ich's doch. Brav und hübsch auch.«

Und dann ließ er mich plötzlich los. Ich fiel auf den Boden wie ein Sack Bohnen.

Ahmed verschwand ohne ein weiteres Wort, blitzschnell, als wäre nichts gewesen.

Benommen rappelte ich mich hoch und lief auf schnellstem Weg nach Hause. Ohne jemandem ein Wort zu sagen, spülte ich den Schnitt aus und setzte mich anschließend vor Alis Zimmer auf den Boden, lehnte mich an die Wand und betete, dass er so bald wie möglich mit Yassin im Hof auftauchen möge. Dass alles wie immer sein möge und dass das, was mir zugestoßen war, nur die Ausgeburt meiner Fantasie wäre. Aber so war es nicht, es war alles wahr.

Was ich getan hatte, ließ mich in den Boden versinken.

Falls Hooyo irgendetwas zu mir sagte, hörte ich es nicht mal. Der Gedanke, dass ich meinen besten Freund verraten hatte, war schrecklich. Ich fühlte mich böse, mir selber fremd. Ich hatte das Gefühl, als könnte ich auch meine Mutter, Hodan oder Aabe verraten. Als könnte ich jeden verraten, egal wen. Auch mich selbst.

Gegen sechs tauchten Alì und sein Vater endlich auf. Die Last, die mich fast umgebracht hatte, verflüchtigte sich. Ich suchte in Alìs Augen sofort nach irgendeinem Zeichen. Aber es war nichts zu erkennen, nur der übliche Schleier aus Traurigkeit und Ferne.

Grußlos lief Alì mit gesenktem Kopf durch den Hof und verschwand sofort in seinem Zimmer. Ich lief ihm nach und erzählte ihm, was passiert war, dass er in Gefahr war, berichtete von Ahmed, zeigte ihm die Verletzung an meinem Oberschenkel. Er wunderte sich nicht. Stattdessen entgegnete er völlig unerwartet:

»Nassir hat unser Haus verlassen. Mein Bruder ist fort.«

Ich war sprachlos.

»Euer Haus verlassen? Was soll das heißen?«

»Gestern Abend nach dem Essen hat er Aabe gestanden, dass er Al Shabaab beigetreten ist. Er stand seit Jahren mit ihnen in Kontakt. Wir wussten das. Aber gestern hat er uns gesagt, dass er in die Koranschule eintreten, aktiv zur Organisation gehören will. Er hat sich entschlossen, Ahmed zu folgen.«

Ich schwieg, und Alì weinte. Als er sich beruhigt hatte, sagte er, ich solle mir keine Sorgen machen, Ahmed werde ihm, Alì, nichts tun, Nassir werde ihn beschützen.

Bei diesen Worten trat ein seltsames Leuchten in seine Augen. Irgendwie abgehoben, beseelt. Ich hatte dieses Leuchten noch nie bei ihm gesehen, und es erschreckte mich.

Wir saßen noch eine Weile schweigend nebeneinander, dann bat er mich, ihn ein wenig allein zu lassen. Ich verließ das Zimmer und ging zu Hooyo, die im Hof den Burgico anzündete, um das Abendessen vorzubereiten. Ich versuchte mir nichts anmerken zu lassen, fragte meine Mutter, ob ich ihr helfen könne, aber ich benahm mich so ungeschickt wie ein Elefant.

Alì trat aus seinem Zimmer und kletterte auf den Eukalyptusbaum. Seine präzisen und geschmeidigen Bewegungen erinnerten an eine Katze oder einen Affen. Er kannte diesen Baum in- und auswendig, er wusste ohne hinzuschauen, wohin er seine nackten Füße setzen musste.

Im Nu war er in der Krone.

An dem Platz, wo ihn keiner erreichen konnte. Seinem Platz. Vielleicht sein einziger. Sobald es ihm besser ging, würde er herunterkommen.

Die Traurigkeit übermannte mich. Ich hatte meinen besten Freund verraten, und dieses Gefühl brannte jetzt schlimmer als die Klinge. Als Alì auf den Baum kletterte, fühlte ich mich noch einsamer als in dem Moment, als Ahmeds Messer in mein Bein drang.

An die Mauer seines Zimmers gelehnt blieb ich eine Weile sitzen und wartete auf ihn. Dann ging ich ins Bett, den Kopf wie in pechschwarze Wolken gehüllt.

11

Nach ein paar Tagen hatte sich alles wieder normalisiert, und wie immer vermieden Alì und ich es, noch einmal über die Vorfälle zu sprechen. Die Dinge kamen wieder in Ordnung, indem sie sich in einer Stille einrichteten, mit der wir beide zufrieden waren.

Das war auch die Zeit, in der ich anfing zu siegen, richtig zu siegen. Ich nahm an allen Wettkämpfen in unserer Gegend teil, die nichts kosteten, und wurde fast immer Erste.

Bald brauchte ich neue Herausforderungen und meldete mich bei Wettkämpfen für Athleten aus Südsomalia an. Auch diese gewann ich.

Alle fragten sich, wie ein Mädchen, das so dünn war wie ein Akaziensetzling, mit zwei Beinen wie Olivenzweige, überhaupt gewinnen konnte. Tatsache war, dass ich gewann, und basta. Ich war eben schneller als die anderen. Zumindest als diejenigen, gegen die ich antrat.

Über die Monate stellte ich fest, dass ich auf 200 Metern am besten war. Auf dieser Distanz konnte ich das meiste aus mir rausholen. Auch auf 400 Metern fühlte ich mich ziemlich sicher. Für die 100-Meter-Läufe hatte ich nicht die richtigen Muskeln, außerdem brauchte ich eine längere Strecke, damit meine Wut rauskam und Aabes Worte in meinem Kopf Form annahmen. Das klappte nicht sofort nach dem Start. Da war zunächst nur der Ehrgeiz. Aber nach drei, vier Sekunden kam auch das Versprechen raus, das ich Aabe gegeben hatte, und dann gewann ich. Jedes Mal.

Ich wollte die stärkste Sprinterin Somalias werden, und deshalb musste ich auch an Läufen im Norden teilnehmen, in Hargeisa, in Somaliland. Leider war das nicht so einfach, es musste mich jemand hinbringen, und das kostete Geld, das wir nicht hatten. Außerdem hatte der Norden seine Unabhängigkeit erklärt, er wollte mit dem Krieg nichts zu tun haben. Wer dorthin wollte, auch nur für einen Wettkampf, war von den bewaffneten Truppen nicht gern gesehen. Hinzu kam, dass sich in den Wochen, in denen Nassir beschlossen hatte, Ahmed zu folgen, in Mogadischu alles verändert hatte.

Al Shabaab hatte große Macht erlangt, und man redete vom Zusammenschluss der islamischen Gerichte. Eigentlich hätten sie dafür sorgen sollen, den Krieg zu beenden, aber in Wirklichkeit sorgten sie nur dafür, dass die Extremisten triumphierten. Das Leben in der Stadt war innerhalb weniger Wochen unerträglich geworden. Besonders für die Frauen, aber nicht nur für sie.

Und dann kam ein Tag, an dem geschah, was niemals und nirgends passieren sollte. Ein ganz gewöhnlicher Tag, ohne besondere Zeichen am Horizont, ohne Naturkatastrophen oder Revolutionen.

Aber dieser einzige Tag veränderte alles.

Von einem Tag auf den anderen durfte man keine Musik mehr hören. Weder auf der Straße noch im Haus – verboten. Wer ein Radio hatte, und das waren nur wenige, musste es ganz leise stellen, denn falls etwas draußen zu hören gewesen wäre, riskierte man, öffentlich gelyncht zu werden.

Von einem Tag auf den anderen wurden alle Kinos geschlossen. Ich hatte nie Geld dafür gehabt, aber doch immer die Hoffnung, einmal ins Kino zu gehen, und sie allein war das Warten wert. Eine meiner reicheren Klassenkameradinnen ging immer freitags mit ihrer Familie hin und kam mit diesen wundervollen und magischen Geschichten zurück. Das Kino schuf und nährte Träume, deshalb war es auch geschlossen worden.

Von einem Tag auf den anderen mussten Männer lange Hosen tragen, mit kurzen durften sie sich nicht mehr auf der Straße blicken lassen. Und sie mussten sich die Köpfe rasieren oder die Haare ganz lang tragen, im Afrolook, genau wie die Bärte. Jetzt war es vorbei mit den halben Sachen.

Und die Frauen erst. Frauen durften überhaupt nichts mehr. Sie konnten kaum noch aus dem Haus gehen, weil das zu gefährlich war. Ohne Burka riskierten sie sogar ihr Leben.

Von einem Tag auf den anderen änderten sich die Traditionen unseres Landes. Das Land der Sonne und der Farben verwandelte sich in einen Übungsplatz für Extremisten. All unsere bunten Garbasaar, Qamar, Hidschab durften wir nicht mehr anziehen. Wir konnten Putzlappen daraus machen. Wir mussten die schwarze Burka tragen, die nur einen Schlitz für die Augen freilässt. Die wenigen Laternen, die normalerweise einige Sträßchen und ein paar Plätze im Stadtzentrum erleuchteten, wurden jetzt nachts gelöscht. Das war das Schlimmste, das war wie eine Bestrafung.

Bisher hatte man sich abends zum Lesen unter die Laternen gesetzt. Kaum jemand hatte Strom im Haus. Anstatt im fahlen Licht des Ferus zu hocken, verbrachten viele ihre Abende unterm Sternenhimmel und lasen Romane, alte Zeitungen oder sogar einen Liebesbrief.

Unsere Bibliotheken lagen unter freiem Himmel. Und genau wie die echte Bibliothek – und überhaupt alles – waren sie jetzt geschlossen, gestrichen, verboten.

Al Shabaab war es gelungen, die Hoffnungen eines ganzen Volkes auszulöschen. Alles, was bisher zwar schwierig, aber möglich gewesen war, war jetzt unmöglich. Alle Träume, Hoffnungen, Freiheiten waren auf einen Streich vernichtet worden.

Von einem Tag auf den anderen.

Am Abend zuvor konnte Aabe die kurze kakifarbene Hose noch anziehen, die die italienischen Kolonialherren eingeführt hatten und die alle Männer an heißen Tagen trugen. Am nächsten Morgen schon war es verboten: Hätten Al-Shabaab-Wachen ihn damit auf der Straße gesehen, hätten sie ihn verprügeln können.

Und für Hooyo war es nicht anders. Sie musste sich für die Arbeit eine Burka zulegen. Ausgerechnet sie. Sie hasste dieses Ding. Uns ging es nicht anders, so wie wir unsere leuchtenden Farben liebten, die orangen, roten, gelben, grünen, blauen und violetten Schleier und Tücher, die für uns immer der Inbegriff der Erde und der Weiblichkeit waren.

Und dann, von einem Tag auf den anderen, schwarze Burka, für alle.

Und was würde noch folgen? Würde Hodan nicht mehr singen können? Keine Lieder mehr, nicht mal Hymnen für Freiheit und Frieden? Und wie sollte ich jetzt noch laufen?

An einem jener Abende war Hodan zum Essen gekommen. Als wir fertig waren, sagten Aabe und Hooyo, dass sie mit uns sprechen wollten. Unsere Brüder blieben draußen, um die Schalen und den Reistopf zu waschen, und wir zwei gingen schweigend in das Zimmer unserer Eltern.

Aabe saß auf dem einzigen Stuhl und sah uns nervös an, ständig wechselte er den Stock von einer Hand in die andere. Wir hatten ihn noch nie so gesehen. Hooyo saß auf der Matratze, komplett in weiße Schleier gehüllt, was sie bis zu jenem Tag im Haus immer vermieden hatte, und strich abwechselnd den Rock, der ihre Beine ohne jede Falte umspannte, oder das weiße Taschentuch glatt, das sie sich in den Schoß gelegt hatte.

Hodan und ich nahmen uns fest bei den Händen. Auch ohne vorher darüber gesprochen zu haben, hatten wir beide Angst, dass sie uns verbieten würden, was wir am meisten liebten. Dass sie uns sagen würden, alles sei zu gefährlich geworden, dass es sich keiner mehr leisten könne, sich zu benehmen, wie es ihm gerade gefiel. Auch, weil es auf die restlichen Familienmitglieder zurückfallen könnte. Denn das war die Al-Shabaab-Methode: an Geschwistern und Eltern ein Exempel zu statuieren.

Ich zitterte, hatte eine Gänsehaut, obwohl es dreißig Grad waren. Wenn Aabe uns verbieten würde, so wie bisher weiterzuleben, was sollten wir dann tun? Wir würden in Hooyos Schoß weinen und um Mitleid flehen, wie wir es als Kinder immer getan hatten. Nur würde es dieses Mal nichts nützen. Wir hatten nur zwei Möglichkeiten: gehorchen oder nicht gehorchen. Und nicht gehorchen wäre wie fortgehen, für immer.

Aber Aabe war Aabe.

Wir brauchten kein Wort zu sagen. Seine großen Hände, die aus den Ärmeln seines beigen Leinenhemdes hervorschauten, umklammerten nervös den Stock. Er konnte von unseren Gesichtern ablesen, was wir dachten.

Er erhob sich und kam langsam auf uns zu. Zuerst legte er mir die Hand auf die Stirn, dann Hodan.

»Meine Töchter, alles, was bis gestern normal war, ist heute kompliziert.«

Seine Stimme klang ernst. Hodan und ich sahen uns an. Wir wussten, was er sagen würde. Es war das Ende unserer Träume. Wir konnten aufhören, uns irgendeine Zukunft auszumalen, die Realität hatte sich über uns ergossen wie ein Eimer mit eisigem Wasser. Beide senkten wir den Blick und starrten auf unsere nackten, staubweißen Fußzehen.

Nach einer Pause sprach Aabe weiter.

»Und trotzdem sind ich und eure Mutter der Meinung, dass ihr weiterhin den Weg gehen solltet, der euch glücklich macht.«

Warme, stille Tränen liefen gleichzeitig aus Hodans und aus meinen Augen.

»Hooyo und ich werden euch immer unterstützen, islamische Gerichte und Al Shabaab hin oder her.«

Hooyo schnäuzte ununterbrochen in ihr Taschentuch, als wäre sie erkältet. Schon als Kinder hatten wir gewusst, dass sie so ihre Tränen zu verbergen suchte.

»Aber bedenkt, dass das, was ihr tut, gefährlich und nicht gern gesehen ist. Nicht nur bei den Extremisten, sondern bei vielen Leuten, die sich beeinflussen lassen und euch für zwei Verrückte halten werden. Ist euch das bewusst?«

»Ja«, antwortete ich mit feuchten Augen.

»Ja, Aabe, das ist uns bewusst«, antwortete Hodan.

»Dann seid ihr frei, euch eine Zukunft aufzubauen. Eure Mutter und ich wissen, dass jede von euch eine Gabe hat. Geht hin und nehmt euch, was euch zusteht, meine Töchter.«

Jetzt schluchzten wir. Aabe nahm uns fest in die Arme und schickte uns hinaus, er wollte einen Augenblick mit Hooyo allein sein. Bevor wir draußen waren, rief er Hodan zurück.

»Vergewissere dich, dass Husseins Vater das genauso sieht.«

»Danke, Aabe.«

Wir gingen in den Hof, in die Luft und ans Licht. Unsere Eltern ließen wir im Dunkeln des Zimmers zurück, wo sie sich fragten, ob sie die richtige Entscheidung gefällt hatten.

12

Und doch änderte sich in jenen Wochen alles. Unser Leben als Somalier stand im Begriff, sich für immer zu wandeln.

Eines Morgens wurden meine Geschwister und ich von Lärm im Hof geweckt. Barfuß und verschlafen gingen wir nach draußen. Ich sah gerade noch, wie Alì und seine Familie in den grünen, verrosteten Transporter stiegen, den Yassin sich von wer weiß wem geliehen hatte, um für immer wegzufahren. Einfach weg, ohne Vorankündigung, ohne selbst zu wissen wohin.

Yassin, Alì und seine Brüder hatten den klapprigen Wagen in der Nacht mit Kisten beladen, in die sie ihr ganzes Leben gepackt hatten.

Am Tag zuvor hatte der Clan der Hawiye, dem wir als Abgaal angehörten, bekannt gegeben, dass er eine Art Bündnis mit Al Shabaab geschlossen hatte; anscheinend wollten sie einander vorerst nicht bekriegen. Das bedeutete aber, dass die Daarood in unserem Viertel in Gefahr waren, denn Boondhere war Abgaal-Gebiet, und Daarood-Familien konnten nur durch den Schutz befreundeter Abgaal weiterhin dort wohnen. Niemand hätte es gewagt, Aabe Yassin etwas zu tun, es war bekannt, dass er der beste Freund unseres Vaters war, dass sie wie Brüder waren.

Aber in jener Nacht trafen viele Familien dieselbe Entscheidung wie Alìs Vater. Und wieder veränderte Al Shabaab von einem Tag auf den anderen mein Leben.

Der Morgen war von einem unwirklichen Licht durchflutet. In der Dämmerung schien der von der Feuchtigkeit des Meeres schwere Dunst von zahllosen, hastenden Gespenstern bevölkert. Die Menschen in meinem Viertel waren dabei auszuwandern, ohne ein Ziel. Nichts wie weg, so schnell wie möglich, das war das Einzige, was zählte. Die eigene Geschichte hinter sich lassen.

Hooyo war, wie fast alle unsere Nachbarn, nicht zur Arbeit gegangen. Es konnte passieren, dass Al-Shabaab-Milizen vorbeikamen und jedes einzelne Zimmer kontrollierten. Es war wichtig, dass wir alle da waren.

Als ich an den Lieferwagen herantrat, saß Alì auf dem Rücksitz am Fenster und hielt den Blick gesenkt. Yassin saß vorne neben dem Fahrer, einem Freund von ihm und Aabe. Der Motor lief bereits. Ich klopfte gegen die Scheibe, und Alì drehte sich zu mir. Der Schleier der Schwermut lag ihm wie Wachs auf dem Gesicht. Er hatte keine Augen mehr. Er war zu einer Wachsmaske geworden, der Maske der Abwesenheit. Er sah zwar in meine Richtung, aber sein Blick verlor sich in den Wolken. Ich versuchte, ihn dazu zu bringen, die Scheibe herunterzukurbeln, doch Alì hörte mich nicht, er wirkte wie betäubt. Ich drehte mich um und sah hinter mich. Er starrte in die Krone des Eukalyptusbaums. Erst als der Wagen losfuhr, sah er mir in die Augen. Vielleicht weinte er. Endlich.

Alì, seine Brüder und Aabe Yassin waren seit meiner Geburt Teil meines Lebens gewesen und nun – Gespenstern gleich – im Bruchteil einer Sekunde daraus verschwunden.

Auch Husseins Familie traf dieselbe Entscheidung. Sie waren Daarood, und für Mischehen war kein Platz mehr.

Alles, was in Jahrzehnten erreicht worden war, ging an nur einem Tag in Rauch auf.

Hodan musste innerhalb weniger Stunden eine schmerzliche Entscheidung treffen. Gehen oder bleiben. Nach einer qualvollen Nacht entschied sie, bei uns zu bleiben. Es blieb keine Zeit, sich darüber Gedanken zu machen, was das für ihre Ehe bedeutete. Manchmal reisen die schwersten Entscheidungen auf einem zarten Windhauch. Und wir mit ihnen, unzulänglich, leicht. Das war es, was wir an jenem Morgen empfanden.

Ein paar Stunden nach Alìs Abreise kam Hodan wieder nach Hause zurück. Mit den paar Sachen, die sie nach ihrer Hochzeit mitgenommen hatte. Dem Wenigen, Notwendigsten. Als wir sie mit dem kleinen roten Pappkoffer, der vor vielen Jahren einmal Hooyo gehört hatte, im Hof stehen sahen, sagte Hodan lediglich: »Ich bin wieder da. Hussein ist gegangen.« Hooyo rannte auf sie zu und schloss sie in die Arme, gefolgt von allen anderen. In nur einem Lidschlag hatte ich meinen besten Freund verloren und meine Schwester wiederbekommen.

Aber ich verlor mein Ziel nie aus den Augen, was immer das Schicksal mit mir vorhatte. Mit meinem dürren Körper hatte der Wind nie leichtes Spiel. Ich war diejenige, die ihn im Vorübergehen bewegte. Ich war diejenige, die gelernt hatte, sich von ihm anschieben zu lassen, damit ich fliegen konnte.

Also schloss ich an jenem Morgen Hodan unter Freudentränen in die Arme. Es waren dieselben Tränen, die ich zuvor aus Zorn über Alìs Abschied geweint hatte.

Und dann fing ich sofort wieder an zu trainieren.

13

Ich war jetzt vierzehn, und der wichtigste Wettkampf meines Lebens, der in Hargeisa, lag vor mir. Seit sechs Monaten hatte ich keinen Trainer mehr. Wenn ich die Schnellste sein wollte, musste ich in Hargeisa gewinnen. Und dann nach Dschibuti reisen, um dort zum ersten Mal für mein Land anzutreten. Allein bei dem Gedanken wurde mir schwindlig, ich musste es unbedingt schaffen.

Es war keiner mehr da, der meine Zeiten nahm, keiner, der Übungen für Beine und Arme mit mir machte. Keiner, der kontrollierte, ob ich bei den Wiederholungen oder den Sit-ups schummelte. Seit Alì fort war, fragte ich mich jeden Tag, wo er sein mochte, was er machte. Beim Laufen summte seine Stimme in meinem Ohr. Nicht so, Samia. Pass doch auf. Heb die Fersen, die Arme eng am Körper. Du musst den Atem mit den Schritten koordinieren. Immer lächeln! Am Ziel musst du lächeln, Samia!

Das tat ich nie. Lächeln war mir egal. Am Ende eines Laufs war ich müde und hatte immer eine Menge falsch gemacht. Ich wusste, dass es noch vieles zu verbessern gab, und daran wollte ich arbeiten. Das war das Einzige, was mich interessierte. Wenn ich durchs Ziel ging, konnte ich nicht mal den Sieg genießen. Ich dachte sofort an das nächste Rennen und daran, was ich alles besser machen musste.

Angst hatte ich auch. Dass im Publikum jemand sitzen

könnte, dem es nicht gefiel, dass junge Frauen sich zur Schau stellten. Aber Alì hatte mich immer umarmt und darauf beharrt: »Lächeln ist wichtig! Es ist wie ein Gruß ans Publikum.«

Abends, vorm Einschlafen, der Ferus brannte noch, versenkte ich mich in Mos Foto, stellte ihm Fragen. Said ärgerte mich:

»Na, Samia, quatschst du mal wieder mit der Zeitung?«

»Gar nicht, lass mich in Ruhe«, antwortete ich gereizt. Dabei machte ich genau das: Ich redete mit einem zerfledderten Zeitungsausschnitt.

»Tinte macht Flecken, aber sie spricht nicht, merk dir das«, ließ Said nicht locker.

Wenn meine Geschwister dann zu lachen anfingen, fand ich aus meiner Benommenheit heraus. Hodan küsste mich auf die Stirn und sagte, ich solle es ihm nicht übel nehmen, Said scherze ja nur. Ja, er scherzte, aber er hatte auch recht.

Ich sah Mo an, dieses Bild, auf dem er kurz vor der Ziellinie ist, mit diesen besessenen und vor Anstrengung aufgerissenen Augen, die trotzdem heiter und zufrieden waren, weil er wieder gesiegt hatte, und ich bat ihn flüsternd, mich zu beruhigen. Mir zu versichern, dass es auch für mich eines Tages so sein würde. Dass auch ich mit diesem heiteren und hoffnungsvollen Blick siegen würde.

Aber wie sollte ich heiter sein beim Siegen? Jeder Sieg war eine Sünde, ich wusste, dass viele Menschen gegen mich waren. Natürlich versuchte ich, mir das nicht zu Herzen zu nehmen, ich ging meinen Weg, sah niemandem ins Gesicht, aber lächeln konnte ich dabei nicht.

Alles war weniger leicht, weniger spielerisch geworden, seit Alì weg war, das war das Problem. Das Laufen fühlte sich anders an, auch wenn Hodan mich wieder mit ihrer Samtstimme in den Schlaf sang. Es war das Einzige, was ich in jenen Monaten außer der Schule überhaupt noch machte. Laufen. Bis zu sieben Stunden am Tag. Ich lief im Hof und während der Waffenruhe machte ich sofort auf der Straße weiter. In meiner Burka, darunter das Stirnband, das sich mit Schweiß vollsog. Ständig verhedderte ich mich im Rock, und bei der Hitze, die sich unter der schwarzen Montur staute, riskierte ich jedes Mal eine Ohnmacht. Man konnte damit unmöglich laufen.

Aber ich hatte nur Hargeisa im Kopf, den Lauf meines Lebens, der Lauf, der mein Schicksal wenden würde. Ich musste gewinnen, es war meine einzige Gelegenheit, ein Profi zu werden, auch wenn dieses Wort in Somalia nie eine große Bedeutung hatte. Niemand hatte je einen Heller mit dem Sport verdient. Aber zumindest hätte ich dann die Möglichkeit, an wichtigen Wettkämpfen teilzunehmen, mein Land in der Welt zu vertreten, für die Befreiung Somalias zu laufen, während Somalia glaubte, ich liefe nach seinen Regeln.

Zwei Tage die Woche half ich Hooyo am Gemüsestand, um mir ein bisschen Geld für die Busfahrt in den Norden zu verdienen. Auch Hodan begleitete Hooyo an zwei Tagen, und die restlichen zwei ging Ubah mit, und auch sie gaben mir etwas, wenn sie konnten. Es war ihr Beitrag zur Freiheit.

Hodans Band wurde von der Union der islamischen Gerichte verboten, in der Stadt zu proben oder aufzutreten. Sie durften den Konzertsaal nicht mehr nutzen, mussten sich im Keller eines Restaurants im Norden der Stadt treffen, in der Nähe des Flusses Shabelle. Hätte man sie noch einmal in dem Lokal in der Nähe des alten Hafens entdeckt, hätte man sie erschossen.

Wenn ich kurz vor dem Abendessen nassgeschwitzt von meiner Runde um den Häuserblock zurückkam, sah Hooyo mich an wie ein merkwürdiges Tier.

»Von wem hast du das nur?«, fragte sie mich in der Ecke beim Burgico, wo sie das Essen vorbereitete, während sie mir die Burka auszog und mit der Hand über das nasse Haar strich. Es war jedes Mal dasselbe. Wenn sie mich hinter dem roten Vorhang hindurchschlüpfen sah, lächelte sie mir mit der gewohnten Herzlichkeit zu. Wenn ich näher kam, wurde sie ernst.

»Von wem hast du das nur, hm, kleine Samia?«, fragte sie mich mit sanfter Stimme. Ich war jetzt so groß wie sie, und es fiel mir auf, dass sich rund um ihre lebhaften Augen, die tief wie Brunnen ohne Grund waren, zahllose Fältchen gebildet hatten.

»Von Aabe habe ich das«, lautete meine Antwort.

Sie sah mich an, nahm mein Gesicht in die Hände und sagte:

»Wie schön du bist, Samia. Eine Frau bist du geworden. Die Schönste in der Familie.«

Dann faltete sie die nasse Burka, löste die Schnürsenkel meiner Sportschuhe und sagte, ich solle mir die Füße waschen und ausruhen. Es war wie eine Zeremonie. Das Entkleiden der schönen Tochter, die den Verstand verloren hatte.

Aber das Einzige, was mich damals beschäftigte, war, am nächsten Tag genug Kraft für das Training zu haben. Nur darauf konnte ich mich konzentrieren.

Zwei Wochen vor dem Wettlauf wurde ich fünfzehn, und Said schenkte mir eine Stoppuhr. Woher er sie hatte und wie viel er dafür hatte bezahlen müssen, erfuhr ich nie. Jedenfalls kam er zu mir und sagte:

»Das ist für dich, Kriegerin Samia.«

Es war das erste Mal, dass er mich so nannte. Said hatte hundert verschiedene Namen für mich, und mit jedem wollte er mich ärgern. Aber an jenem Tag nannte er mich Kriegerin, wie Aabe das hin und wieder tat, vielleicht weil ich erwachsen wurde. Jetzt war ich fünfzehn, und mit fünfzehn war man erwachsen.

»Ich möchte, dass diese Stoppuhr eines Tages den Geschwindigkeitsrekord der Frauen in unserem Land anzeigt«, sagte er.

»Versprochen, Said«, antwortete ich und küsste ihn auf die Wange.

Ich hatte noch nie eine Stoppuhr gehabt, Alì hatte meine Zeit mit seiner alten Uhr genommen, die nur noch aus einem Zifferblatt ohne Armband bestand, das ihm irgendwann auch gestohlen wurde.

Eine Gruppe von drei Abgaal-Jungs war auf ihn zugekommen, als er an der Ecke beim Altar des Vaterlands stand und darauf wartete, dass ich aus der gegenuberliegenden Gasse kam. Er hatte sie noch nie gesehen, wahrscheinlich waren sie nicht aus unserem Viertel. Alì stand im Schatten, an den Stamm einer Akazie gelehnt, und die drei hatten angefangen, ihn zu beschimpfen.

»Der hat doch eine echte Negerfresse, dieser Daarood«, riefen sie.

Wie üblich reagierte Alì nicht, er sah ihnen nur in die Augen, jedem Einzelnen.

»Reden kann er auch nicht, dieser Drecks-Daarood.

Wahrscheinlich hat er vor Hunger seine eigene Zunge gefressen.« Sie lachten sich kaputt, die drei Blödmänner.

Alì wusste, dass er gegen drei Jungs und noch dazu in einem Abgaal-Viertel nicht viel ausrichten konnte. Ruhig wartete er ab, bis der vermeintliche Anführer näher kam, und verpasste ihm dann mit derselben Schnelligkeit, mit der er an jenem fernen Abend dem Extremisten-Jungen in die Hand gebissen hatte, einen Tritt gegen das Schienbein. Der Junge krümmte sich vor Schmerzen, und Alì rannte los, so schnell er konnte. Die anderen zwei rannten ein Stück hinter ihm her, und weil sie langsamer waren, bliesen sie in die Trillerpfeifen, die manche dieser Typen für solche Anlässe um den Hals trugen. Der Pfiff ertönte so laut, dass die halbe Stadt ihn hören konnte. Alì war kaum um die Ecke, da hielt ein Mann ihn fest und wollte wissen, warum er so rannte, ob er etwas gestohlen hatte, denn das verstieß gegen den Koran. Da waren die anderen zwei auch schon bei ihm und behaupteten, Alì sei ein Dieb, er hätte Geld gestohlen. Sie verprügelten ihn und nahmen ihm schließlich den kläglichen Überrest dieser Armbanduhr weg, denn das war alles, was er bei sich trug. Seitdem mussten wir ohne Uhr auskommen.

Aber jetzt, mit Saids Stoppuhr, war alles anders. Was Alì wohl gesagt hätte? Eine echte Stoppuhr, er hätte es kaum fassen können. Ich konnte meine Zeiten messen, das fand ich unglaublich. Bis dahin hatte ich immer nur gewusst, wenn ich Erste geworden war.

Die Neigung zum Wahnsinn musste ich von Aabe geerbt haben.

Deshalb war meine Antwort auf Hooyos Frage richtig

gewesen. Ich war nämlich vor dem Wettlauf in Hargeisa drei Mal im Koonis-Stadion. Nachts. Und zwar mit Aabes Erlaubnis.

Jahrelang hatte ich versucht, ihn zu überreden. Von Alì wusste ich, dass er und seine Freunde Amir und Nurud dort als kleine Kinder manchmal Fußball gespielt hatten. Das ging mir nicht aus dem Kopf. Ein Augenblick des Friedens, in dem man das Stadion nutzen konnte. Aber Aabe hatte es mir nie erlaubt. Drei Tage vor dem Lauf flehte ich ihn an. Da gab er nach.

»Danke, Aabe, dafür werde ich dir mein Leben lang dankbar sein«, sagte ich und sah ihn glücklich an.

»Hoffentlich bist du mir in drei Tagen dankbar, dann weiß ich nämlich, dass dir nichts passiert ist«, antwortete er nachdenklich.

In Wahrheit waren das die einzigen Stunden, in denen man nichts riskierte, auch wenn es stockfinster war. Keine Menschenseele war unterwegs, und die abendliche Waffenruhe hatte schon Frieden in unsere Ohren gebracht.

Gegen elf verließ ich das Haus und rannte in meiner Burka durch versteckte Sträßchen. Eine halbe Stunde später erreichte ich das Stadion. Ich schlüpfte durch eines der Löcher im Zaun, überquerte den Platz vor den Kassen, sprang über ein niedriges Gitter vor dem Mittelgang und ging hinein. Es war herrlich. Alles war vom Duft des Rasens erfüllt, und all meine Sinne waren von diesem prickelnden Geruch umgeben, der süß und gleichzeitig zart war.

Das leere, nur vom Mondlicht erhellte Stadion ganz für mich alleine zu haben, war so schön wie die Eroberung des Himmelsgewölbes. An der Tartanbahn, auf der ich meinen ersten Lauf gewonnen hatte, blieb ich stehen und zog die schwarze Kutte aus. Ich faltete die Burka und legte sie auf den Boden. Bei dem Gedanken, dass ich mitten in der Nacht völlig allein im Stadion war, schoss mein Adrenalinspiegel in die Höhe.

Mit langsamen, langen Schritten wärmte ich mich in der Mitte des Fußballfelds auf. Ein paar Sekunden lang, die mir wie eine Ewigkeit vorkamen, genoss ich das Schauspiel des leeren Stadions. Keine Menschenseele. Nur ich, mein Atem und der Mond. Und der Geruch von Gras, der stechend die Luft erfüllte. Ich tat so, als wäre draußen Frieden und das wäre nur ein Streich, bei dem ich nichts riskierte.

In jenen Nächten, drei Tage vor dem wichtigsten Lauf meines Lebens, fand ich heraus, dass ich für 100 Meter 16,32 Sekunden und für 200 Meter 32,90 Sekunden brauchte. Ich hatte mich für viel schneller gehalten. Saids Stoppuhr hatte mir eine bittere Wahrheit offenbart. Ich lag sehr weit über dem Weltrekord, ich musste unbedingt besser werden. Ich konnte nur besser werden.

In jeder dieser drei Nächte wartete Aabe am Ausgang auf mich, um mich sicher und unbeschadet nach Hause zu bringen. Auf dem Heimweg, wieder in der Burka, sprang ich aufgeregt herum und zählte ihm auf, was ich alles tun musste, um meine Leistung zu verbessern. Immer wieder sah er sich um, manchmal blieb er stehen und drohte, mir den Stock über den Schädel zu ziehen, wenn ich weiter so laut herumhampelte. Ich lachte und wusste ja, dass wir um diese Uhrzeit nicht mehr unterwegs sein durften, aber ich war so glücklich. Diese plötzliche Freiheit, das leere Stadion, der Vollmond, der Duft des Rasens erfüllten mich mit unbändiger Euphorie. Aabe wurde wütend und sagte, ich solle endlich Ruhe geben. Aber ich hatte nur den Wettlauf im Kopf.

Drei Tage später fuhr ich in den Norden.

14

Auf der Busfahrt nach Hargeisa fühlte ich mich wie ein Star. Ich fuhr allein, das Ticket war sehr teuer, umgerechnet etwa sechzig US-Dollar; es überhaupt gekauft haben zu können grenzte an ein Wunder.

Ich hatte noch nie in einem Bus gesessen. Alles war so bequem, die breiten Sitze weich und mit grauem Samt bezogen, im Hintergrund spielte leise Musik. Der Fahrer trug eine dunkelblaue Uniform und war sehr höflich. Als ich einstieg, allein und in einem Trainingsanzug, den Aabe irgendwo aufgetrieben hatte, musste er mich für eine berühmte Sportlerin gehalten haben. Er sah mich an und grüßte mich wie jemanden, der Respekt verdiente.

»Guten Tag, Abaayo«, sagte er, als ich einstieg. »Eine gute Reise wünsche ich.«

»Danke«, war das Einzige, was mir über die Lippen kam, so aufgeregt war ich.

Die Fahrt dauerte fast vierundzwanzig Stunden. Ich fühlte mich wie einer dieser winzigen Vögel, die so schnell mit den Flügeln schlagen, dass man sie kaum sieht. Ich war so ungeduldig, dass ich nicht ruhig sitzen konnte. Unter dem Vorwand, mir die Beine zu vertreten, stand ich hundertmal auf. Wenn wir Toiletten- oder Essenspausen machten, konnte ich es kaum abwarten weiterzufahren. Morgens um sieben erreichten wir endlich unser Ziel, bei Sonnenaufgang. Ich hatte keine Minute geschlafen.

Beim Aussteigen spürte ich zum ersten Mal, wie es war, in einem Land zu sein, in dem Frieden herrschte. Es kam mir unwirklich vor: keine bewaffneten Soldaten am Busbahnhof, keine Spur von Gewehren oder Tarnanzügen und auch keine Einschusslöcher in den Mauern. Ich war verwirrt. Wie ein Tier, das sein Leben lang eingesperrt war und plötzlich vor der offenen Tür seines Käfigs steht, fühlte ich eine wahnsinnige Euphorie, die mich im ersten Moment nicht antrieb, sondern blockierte. Kurz war ich versucht umzukehren, wieder in den Bus zu steigen und zurückzufahren in meine gewohnte Umgebung, wo die Freiheit an der Zahl der Tretminen und Maschinengewehrsalven gemessen wird. Zu große und zu plötzliche Freiheit schadete nur und passte nicht zu den Menschen, dachte ich an jenem Morgen, während die Sonne aufging und schüchtern zwischen dem Holzdach und den Mauern des Bahnhofs hindurchschien.

Neben einem Zeitungskiosk setzte ich mich auf eine Metallbank und wartete eine Weile. Der Verkäufer machte gerade mit verschlafener Miene auf. Schließlich kaufte ich mir mit den wenigen Schilling, die ich besaß, in der einzigen geöffneten Bar einen Shaat. Die Hitze war aus meinen Händen in den Hals gestiegen und kurz danach von dort in den Kopf.

Ich ging zu Fuß ins Stadion. Ich hatte alle Zeit der Welt, außerdem mussten meine Gelenke nach dem langen Sitzen wieder beweglich werden. Die Stadt im Frieden war wie ein Wunder für mich. Ich musste keine Burka tragen, konnte einfach rumlaufen, sogar mitten auf der Straße rumschreien, wenn ich wollte, oder einfach jemanden ansprechen. Von der Vorstellung, was ich alles hätte machen können, wurde mir ganz schwindlig.

Eine Stunde später, mittlerweile war es acht, erreichte ich das Stadion. Der Wächter am Tor war gerührt, das sah ich ihm an. Als er hörte, woher ich kam, schloss er mit einem großen Schlüssel auf und ließ mich rein, außerdem suchte er mir einen Platz im Schatten, wo ich mich ausruhen konnte. Ich versuchte zu schlafen, aber in meinem Kopf purzelten die Gedanken durcheinander. Ich bebte wie eine Shareero-Saite, das Instrument, das Hussein in Hodans Band gespielt hatte.

Um zehn wurden die Tore geöffnet und die ersten Läufer mit ihren Begleitern kamen an. Erst dann wurden, sehr gemächlich, die Tische für die Anmeldung aufgestellt. Ich war die Erste. Die Frau, die sich um alles kümmerte, fragte mich nach meinem Namen und sah mich skeptisch an. Ich brachte kein Wort heraus, starr vor Angst, mein Name könnte zusammen mit meiner Einschreibung irgendwo auf dem Weg zwischen Mogadischu und Hargeisa verloren gegangen sein. Dann hätte ich den ganzen Weg umsonst auf mich genommen. Die Frau musterte mich.

»Hast du denn geschlafen, Kleine?«

»Natürlich. Man muss doch schlafen, wenn man laufen will«, antwortete ich mit Unschuldsmiene.

»Dann ist gut. Geh dir das Gesicht waschen, da drüben ist ein Brunnen.«

»Danke, Abaayo.«

»Und deinen Namen wolltest du mir noch verraten, Kleine.«

»Samia Yusuf Omar …«, stieß ich hervor.

Die Frau schlug das Register auf und suchte. Endlose Sekunden vergingen. »Aus Mogadischu, Abaayo«, ergänzte ich.

»Samia Yusuf Omar aus Mogadischu … Hier stehst du ja.«

Ich unterschrieb, und sie gab mir die Startnummer. Meine erste Startnummer. Ich war für den 100- und den 200-Meter-Lauf der Damen angemeldet. Meine Startnummer war die 78.

Bis zum Lauf musste ich noch zwei Stunden warten. Ich wusste überhaupt nichts mit mir anzufangen. Nur gut, dass die Frauen vor den Männern an den Start gingen. Ich wechselte ein paar Worte mit einigen Mädchen, wollte mich aber nicht zu sehr ablenken. Schließlich war ich zum Gewinnen hier, nicht zum Plaudern. Unruhig schaute ich umher, etwas anderes gelang mir nicht. Alles war neu, ich war das erste Mal im Norden, bei meinem ersten echten Wettkampf. Ich war mit Sicherheit die Jüngste. Keiner hätte einen Schilling auf mich gesetzt.

Als meine Ungeduld fast unerträglich wurde, entschied ich mich für die einfachste Strategie. Ich legte mich ins Gras und wartete, dass die Zeit verging. Eingehüllt in diesen süßen, einlullenden Duft. Bis es endlich so weit war.

Meine Gegnerinnen kamen mir nicht sehr gefährlich vor. Sie waren älter als ich, aber keine hatte den wilden Funken einer echten Athletin in den Augen. Von Anfang an hatte ich das Gefühl, gewinnen zu können.

In etwas weniger als zwei Stunden gewann ich beide Qualifikationsrunden. Ich wusste kaum, wie mir geschah, doch auf einmal stand ich im Finale, mit sehr viel weniger Luft, starken Schmerzen in den Oberschenkeln, nach den zwei bestrittenen Läufen.

Die Erstplatzierten jeder Gruppe kamen ins Finale. Zuerst stand der 200-Meter-Lauf an. Meine Beine waren vor Anstrengung hart wie Holz, doppelt so müde wie die der anderen, weil ich als Einzige über zwei Distanzen lief. Aber das motivierte mich nur umso mehr. Wenn ich es bis dahin geschafft hatte, konnte ich auch gewinnen.

Ich stellte mich auf die Blöcke und schoss beim Start los wie eine Rakete, nur die Ziellinie vor Augen. Im Kopf hörte ich wie immer Aabe und Alì, die mir zuriefen, ich solle laufen. Und ich lief. Ich lief als Erste durchs Ziel. Das Gefühl war unbeschreiblich, eine riesige Befreiung. Erste. Ich war auf 200 Metern die Schnellste meines Landes. Das wollte mir zunächst gar nicht in den Kopf.

Viel Zeit zum Nachdenken blieb mir allerdings auch nicht. Zehn Minuten später war das Finale im 100-Meter-Lauf, dem wichtigeren Wettkampf. Jetzt machte sich das Publikum auf den Rängen bemerkbar. Manche schrien, feuerten uns an. Während wir zu den Startblöcken gingen, zeigte das Mädchen in der Bahn neben mir auf eine kleine Gruppe im Rang, die versuchte, auf sich aufmerksam zu machen. Als ich hinsah, applaudierten sie heftig. Ich hatte Fans. Ich hob den Arm und grüßte sie.

Beim Startschuss hatte ich wieder nur Aabes und Alìs Stimmen im Kopf. »Lauf, kleine Kriegerin! Lauf durchs Ziel und lächle!«

Auf diesen hundert Metern war ich so schnell wie noch nie. Die Mädchen links und rechts von mir waren langsamer als ich, ich hatte sofort zwei Schritte Vorsprung. Aus dem Augenwinkel sah ich, dass nur eine, in der ersten Bahn, auf gleicher Höhe mit mir lief. Auf den letzten zehn Metern gab ich alles, was mich in dieses Stadion gebracht hatte. Die Anstrengung, das Training, die Hingabe, die Ängste, die Frustrationen, die ich seit mindestens sieben Jahren erlebte, alles gab ich. Mogadischu kam mir vor wie ein Käfig, aus dem ich endlich ausgebrochen war, um frei zu laufen. Und ich gewann. Ich gewann wieder.

Im Ziel fühlte ich mich wie ein Grashüpfer, der tagelang nicht hatte springen dürfen. Manche Kinder in Mogadischu fangen Grashüpfer und sperren sie in eine Schachtel, die sie über Tage mit sich herumtragen. Wenn die Insekten dann freigelassen werden, springen sie richtig weit. Die Kinder machen Wettkämpfe mit ihnen, schließen Wetten auf sie ab.

Wie einer dieser eingesperrten Grashüpfer fühlte ich mich, ich sprang herum wie verrückt, am liebsten wäre ich in den Himmel gesprungen. In Hargeisa gab es keinen Krieg, keine Al Shabaab, das war das Schöne. Hier durfte ich ungestört und nach Herzenslust jubeln und springen, endlich. Und lächeln durfte ich auch.

Allen, die mich kennenlernen wollten, lächelte ich zu und schüttelte ihnen die Hände. Hätte Alì mich sehen können, er hätte geweint vor Glück. Vor sechs Monaten hatte ich ihn zum letzten Mal gesehen, und im Herzen widmete ich diesen Sieg ihm, meinem Trainer. Er war es, der eine Athletin aus mir gemacht hatte. Mein bester Freund.

Damals sah ich zum ersten Mal auf einer elektronischen Anzeigetafel in großen Ziffern meine offiziellen Zeiten: 15”83 auf 100 Meter und 32”77 auf 200. Ich musste noch besser werden, aber ich hatte gewonnen. Ich war die schnellste Frau meines Landes. Und ich hatte mir die Teilnahme am Lauf in Dschibuti in drei Monaten erstritten, meinem ersten internationalen Wettkampf.

Auf der Rückfahrt schlief ich einundzwanzig Stunden am Stück. Wir fuhren abends los und würden erst am nächsten Abend ankommen. Kein einziges Mal öffnete ich die Augen, ging nicht mal aufs Klo. Die zwei Medaillen trug ich um den Hals, sicher unter meinem T-Shirt, bei meiner Startnummer, der 78, meiner Glückszahl.

Gleich nach der Abfahrt hatte ich mich noch wie eine Bombe kurz vor der Explosion gefühlt. Ich wollte der Frau neben mir dringend alles erzählen, jede einzelne Sekunde meines Triumphs wiedergeben. Ein paar Mal versuchte ich, ein Gespräch anzufangen. Doch es war nichts zu machen, sie sah kein einziges Mal von den Seiten ihres Buches auf, das sie bei dem schwachen Licht zu lesen versuchte.

Schließlich konnte ich nicht mehr. Ich fiel in Tiefschlaf, immerhin hatte ich zwei Tage lang kein Auge zugetan. Die Medaillen fest in der Hand, schlief ich, ohne auch nur die Trainingsjacke auszuziehen, ein.

Am Busbahnhof in Mogadischu war dann alles wieder wie immer. Ich fühlte mich, als wären Jahrhunderte vergangen, ich war ans andere Ende der Welt gereist und eine andere geworden. Und nun war ich wieder am Ausgangspunkt, als wäre nichts geschehen. Die gleichen zornigen Gesichter, ausgemergelt und sorgenvoll, die gleichen Gewehre auf den Rücken, die gleichen zerknitterten Uniformen von irgendwelchen Märkten.

Vorm Bahnhof erwartete mich Aabe. Zu sagen brauchte ich nichts, er las alles in meinen Augen. Ich sprang ihm an den Hals und bedeckte ihn mit Küssen.

Auf dem Heimweg hatte ich panische Angst, einer Al-Shabaab-Patrouille zu begegnen. Aber ich kannte eine Technik, die Hodan mir beigebracht hat, als ich klein war, und die ich später auch Alì beibrachte: Ich machte mich unsichtbar. Das funktionierte fast immer. Es war ganz einfach: Wenn du glaubst, du bist unsichtbar, sagte Hodan, dann wirst du es auch. Es war unser Geheimnis, und so bewegten wir uns durch die Stadt. Deshalb konnte ich auch mit Alì während der Waffenruhe trainieren oder an den Strand laufen, als wir noch Kinder waren. Jetzt nutzte ich das Geheimnis für Aabe und mich. Die Unsichtbarkeit sollte uns beschützen wie eine Tarnkappe, vor allen und jedem, bis in alle Ewigkeit.

Als wir zu Hause ankamen, war es nach elf. Alle hatten gegessen, aber für mich hatten sie einen Teller Kirisho Mirish und Sesamküchlein aufgehoben. Hooyo, die wie immer weinen musste, sagte, dass sie stolz auf mich sei. Auch Hodan hatte Tränen in den Augen. Meine restlichen Geschwister improvisierten mir zu Ehren ein kleines Lied. Es war der Abend meines Sieges, und alles war perfekt.

Ich hatte mich verändert. Zum ersten Mal fühlte ich mich groß, erwachsen. Ich wusste jetzt, dass ich ein Champion war, und irgendwo ganz tief in mir drin war ich davon überzeugt, dass ich eines Tages die Olympischen Spiele gewinnen würde. Und an diesem Tag würde ich tatsächlich den Aufstand der islamischen Frauen anführen. Meine singenden Geschwister sah ich, als stünde ich unter einer Glasglocke. Ich sah, wie ihre Lippen sich bewegten, ihre Stimmen hörte ich nicht.

Die Abwesenheit von Alì, seinen Brüdern und von Aabe Yassin war mit Händen zu greifen. Vielleicht war meine Familie deshalb viel aufgekratzter als sonst. Alì, mein Trainer, war nicht bei uns, und zum ersten Mal in meinem Leben weinte ich vor Schmerz. Hodan und Hooyo dachten, ich weinte vor Glück über den Sieg. Aber so war es nicht. An jenem Abend im Hof weinte ich vor meiner versammelten Familie, die mir zu Ehren feierte, weil ich erwachsen geworden war und weil Alì mir fehlte. Der Mensch, der von allen die größten Anstrengungen unternommen hatte, damit ich die Wettläufe gewann, die ich nun gewonnen hatte. Und er wusste nicht einmal davon.

Vorm Einschlafen hängte ich die beiden Medaillen über der Matratze an einen Nagel. Neben Mo Farah. Vielleicht konnte Mo sie sehen, dort, wo er war. In Europa, in London. So weit weg. Vielleicht schickte er mir eine Ermutigung für das, was noch kommen würde, vielleicht schon für den Lauf in Dschibuti. Und dann sang Hodans samtene Stimme mir ein wunderbares, prachtvolles Lied über den Sieg.

15

Einen Monat später verließ uns Aabe für immer. Genauso schnell und unausweichlich, wie so vieles andere geschehen war, verlor ich meinen wichtigsten Bezugspunkt. Eben war alles noch wie immer. Und einen Augenblick später war nichts mehr wie zuvor. Das war der Tag, an dem es dunkel wurde.

Wie so oft war Aabe morgens auf den Markt in Bakara gegangen, um ein paar Freunde zu treffen und einzukaufen. Ein Vermummter war von hinten an ihn herangetreten und hatte auf ihn geschossen. Einfach so. Nur eine Bewegung, kaum wahrnehmbar. Von außen betrachtet völlig unbedeutend, eine leise Geste in dem wilden Getöse. Der Schatten war in der allgemeinen Gleichgültigkeit geflohen, ihm wurde nicht mal die Ehre eines überraschten Aufschreis zuteil. Keiner rührte sich, nur wenige hatten es bemerkt.

Bakara war der gefährlichste Ort der Stadt. Ein ewiges Kommen und Gehen, unzählige Menschen, die etwas kauften oder verkauften, ihre Zeit gut investierten oder einfach dort verbringen wollten. An allen Ecken strotzte es vor Farben: Blau, Grün, Rot, Gelb, Weiß, Schwarz, die Farben der Stoffe, der Gewürze, der Früchte, der verschiedenen Gemüse. Zahllose Hände, Beine, Füße, Gesichter, Augen, die flink über dies und jenes glitten; eine Mischung aus Gestank, Gerüchen, Stimmungen. Mit Resten von Bananen,

Äpfeln, Wassermelonen, Aprikosen, Pfirsichen übersät, mit menschlicher Spucke besudelt. Das war Bakara, ein Inferno. Und weil dort immer so viele Menschen zusammenkamen, war es so gefährlich.

Aber bisher waren es immer die *anderen* gewesen, die dort den Tod fanden. Einen Tod, der niemanden je interessierte. Es kam vor, dass Clan- oder Al-Shabaab-Milizionäre im Vorübergehen einer Frau eine Bombe in die Tasche legten. Sie gingen einfach vorbei und legten in die Einkaufstasche auf ihrem Rücken eine Bombe. Dann drückte ein anderer aus der Entfernung den Auslöser und *bumm*. Zwanzig auf einen Streich. Vielleicht sogar dreißig. Kinder, Frauen, Alte. Das kümmerte niemanden. Im Umkreis der Leichen hielt das Leben nur kurz an, und dann lief alles ganz normal weiter. Irgendeiner starb eben immer, irgendein *anderer* hinterließ Eltern, Kinder, Verwandte und Freunde.

Aber plötzlich waren wir selbst die anderen, und der Tod holte sich seine ganze Bedeutung zurück.

Nur Aabe Yusuf, an diesem Tag.

Nur unser Vater.

Weg.

Für immer.

Aabes Leichnam wurde vierundzwanzig Stunden auf einem mit einem Tuch bedeckten Holztisch im Hof aufgebahrt, damit die Leute sich von ihm verabschieden konnten. Unsere Mutter stand fast die ganze Zeit daneben, empfing die Besucher und hielt die Hand ihres verstorbenen Mannes. Ich sah ihn nicht einmal an. Ich wollte ihn für immer unbeschädigt in Erinnerung bewahren.

Said weinte ununterbrochen, aber Hodan war verstummt und brach das Schweigen nur abends, wenn wir im Bett lagen. Wir schliefen nicht mehr auf unseren Matratzen, sondern bei Hooyo im großen Bett. Hodan lag zwischen Hooyo und mir und sang Lieder, die Aabe auf seiner Reise begleiteten, Lieder, durch die er mit seiner Stimme zu uns sprach und uns, als wäre er bei uns, erklärte, dass es die Schuld der Kriegsfürsten und Fundamentalisten war, dass er uns alleingelassen hatte. Während wir an die Decke starrten, hielten wir uns an den Händen, Hodan in der Mitte, eine Hand in meiner, eine in Hooyos, und während sie mit kaum hörbarer Stimme sang, brach sie uns fast die Finger, so fest presste sie unsere Hände.

Bei Aabes Beerdigung umgab uns ein Strom von Menschen. Alle wollten sein bester Freund gewesen sein.

Aabe war für immer gegangen, aber das Leben ging weiter, es musste weitergehen. Dass ich ihn jeden Tag vermisste, in den kleinsten Dingen, brachte mich derart in Rage, dass mein Drang zu laufen und zu siegen eher stärker wurde als erlosch. Außerdem fühlte ich mich unverwundbar und unangreifbar. Nichts konnte mir mehr wehtun. Aabe hatten sie sich schon geholt, jetzt konnte mir keiner mehr sagen, was ich zu tun oder zu lassen hatte.

Mein Leid war so groß, dass ich nichts Schlimmeres mehr fürchtete. Oft kam es vor, dass ich beim Laufen weinte wie eine Wahnsinnige. Wenn ich nach Hause kam und er nicht im Hof saß, brach ich in Schluchzen aus. Nach dem Abendessen fehlten seine tiefe Stimme und seine Scherze. Said tat sein Bestes, aber die Leere wurde dadurch nur grausamer.

In diesen Tagen und Wochen spürte ich, dass ich etwas zu Ende bringen musste, was ich aus der Unverwundbarkeit hinaus begonnen hatte, die Aabe mir gegeben hatte. Beim Laufen verselbstständigten sich meine Gedanken, und manchmal kamen mir Dinge in den Sinn, die so absurd waren, dass ich sie niemandem gestehen konnte. Ich dachte, Aabe sei gegangen, damit ich in Freiheit weiterlaufen konnte, beschützt durch seinen Tod, der die Rache in unsere Familie gebracht hatte. Aber sobald ich stehen blieb, wurde mir klar, dass das nur Dummheiten waren.

Die Welt hatte ihre Farben verloren, die Düfte, die Klänge. Alles war trüb geworden, schal, wie das Wachs auf Alìs Gesicht, als er wegging. Es war, als wäre ich in einem Tunnel, eingezwängt zwischen seinen engen Wänden, und das Einzige, was ich tun konnte, war laufen, so schnell wie möglich, laufen, um einen Weg nach draußen zu finden.

In den zwei Monaten vor dem Wettkampf in Dschibuti lief ich bis zur völligen Erschöpfung. Bei jedem Training hatte ich die Worte im Kopf, die Aabe mir vor meinem ersten wichtigen Lauf gesagt hatte: »Du bist eine kleine Kriegerin. Du läufst für den Frieden und mit deiner Kraft allein wirst du ein ganzes Volk erlösen.« Diese Worte trieben mich zum Äußersten.

Ich trainierte im Hof mit den Gewichten, nachts schlich ich mit der Burka ins Koonis-Stadion und übte Start, Beschleunigung, Finish. Ich fühlte mich unverwundbar. Das ging so jeden Tag, sechs, sieben, acht Stunden am Stück. Bis ich vor Erschöpfung zusammenbrach. Und Alì packte mich nicht mehr an den Handgelenken, um mich hochzuziehen. Oft legte ich mich dann auf das spärliche Gras auf dem Platz und sah eine Zeit lang in den Himmel. Ich stellte mir gerne vor, wie Aabe mich von dort oben beobachtete, mich, ein kleines Pünktchen in einem großen

Rechteck. Dann gab es nur noch das Gras, das mir in den Rücken stach, die Luft, die abends endlich frischer und leichter wurde, den Himmel voller Sterne, meinen keuchenden Atem und mich selbst.

Nach einer Weile wurde alles still, der Körper wurde wieder beweglich, Beine und Rücken entspannten sich, der Atem beruhigte sich. Ich holte tief Luft und hielt dann den Atem an, ich hatte gelernt, dass ich auf diese Weise die Tränen unterdrücken konnte. Solange ich konnte, blieb ich so liegen, die Wangen so stark aufgeblasen, dass sie fast platzten.

Bis es Zeit wurde, wieder mit der Erde in Kontakt zu treten, aufzustehen und die grässliche schwarze Burka anzuziehen, die mich von Kopf bis Fuß bedeckte. Dann ging ich langsam und durch die Nase atmend nach Hause zurück und versuchte, mir keine Gedanken zu machen.

Würde doch scheffelweise vergiftete Scheiße auf euch niederprasseln und euch für immer unter sich begraben.

16

Eines Tages, als ich aus der Schule kam, stand ein Mann im Hof und sprach mit Hooyo. Er hatte sich als Mitglied des Olympischen Komitees vorgestellt. Seine breiten Schultern ließen auf einen athletischen, durchtrainierten Körper schließen. Sein Haar war schütter, und er trug Anzug und Krawatte, was mich sofort stutzig machte, denn nur Bräutigame, Politiker und Geschäftsleute waren so gekleidet. Er hatte von meinem Sieg in Hargeisa gehört, und nun wollte Duran Farah, der Vizepräsident des Olympischen Komitees, mich gern persönlich kennenlernen.

»Ja, gut, aber wann?«, fragte ich.

»Sofort, wenn du willst«, antwortete er gelassen, während er seine Krawatte richtete. »Ich habe mich noch gar nicht vorgestellt. Ich bin Hassan. Hassan Abdullahi.«

Ich sah Hooyo und Hodan an, und beide nickten. Ich durfte gehen, wenn ich wollte. Aber Hodan würde mich begleiten.

»Wir freuen uns, wenn deine Schwester mitkommt«, sagte der Mann in seiner ruhigen Art. »Gehen wir, mein Auto steht am Ende der Straße.« Er wirkte wie ein englischer Lord, wie jemand, der in seiner Jugend sehr viel herumgekommen war oder lange Zeit im Ausland gelebt hatte.

Wir sahen einander an. Zum ersten Mal in unserem Leben würden wir in einem Auto sitzen! Wir verließen den Hof, und der Mann führte uns zu seinem Wagen. Ein roter Honda, eine Limousine. Er öffnete uns die hintere Tür, und wir nahmen Platz. Wegen der Klimaanlage war es sehr kalt im Auto. Wie mitten im Eis. Die schwarzen Ledersitze knarzten bei jeder Bewegung. Durch die Autoscheiben wirkte die Stadt anders, kleiner, aber auch irgendwie ärmer. Die Menschen am Straßenrand, die ich schon Tausende Male gesehen hatte, wirkten noch untätiger als sonst.

Nach zwanzig Minuten waren wir da. Es war das erste Mal, dass ich die Niederlassung des Olympischen Komitees betrat.

Drinnen trafen wir auf Männer und Frauen, manche im hellblauen Trainingsanzug der somalischen Nationalmannschaft, andere elegant gekleidet wie Hassan. Hassan ging in ein Büro und bat uns höflich, draußen zu warten. An den Wänden hingen viele Fotos von Athleten. Hodan und ich sahen uns um, wir fühlten uns unbehaglich. Während wir ziellos im Gang auf und ab liefen, trat ein junger Mann im Trainingsanzug zu uns und zeigte uns, wo wir uns hinsetzen konnten. Es war ein kleiner Raum mit noch mehr Fotos. Nach einer Weile kam ein anderer Mann durch die Tür. Er trug Anzug und Krawatte, hatte weißes Haar und ein sympathisches Gesicht. Hodan und ich waren so verlegen wie an unserem ersten Schultag.

»Gehen wir doch in mein Büro«, sagte er mit einem breiten Lächeln, wobei er uns mit einer Handbewegung einlud mitzukommen.

Wir setzten uns auf zwei schwarze Lederstühle vor seinem Schreibtisch. Auf dem Türschild stand: DR. DURAN FARAH, VIZEPRÄSIDENT. Die Regale an den Wänden waren voller Pokale. Aus einer Schublade nahm er eine Schachtel Pralinen und bot uns welche an. Ich mochte keine Süßigkeiten, ich mochte nur Sesamkugeln, aber Hodan nahm sich zwei. Nachdem er uns gefragt hatte, wie es uns ging, und ein paar Worte mit mir gewechselt hatte, sagte er, dass sie von meinem Sieg in Hargeisa erfahren hatten und sich vorstellen könnten, eine echte Athletin aus mir zu machen.

»Ich bin doch schon eine echte Athletin«, antwortete ich und stemmte unter dem Stuhl meine Füße in den Boden.

»Sagen wir mal, du bist dabei, eine zu werden«, lachte er.

»Ich habe in Hargeisa gewonnen, ich bin die schnellste Frau im Land«, beharrte ich. Wenn er weiter mein Talent infrage stellte, würde ich auf ihn losgehen.

Der Mann sah mich mit leicht geneigtem Kopf an, dann ließ er lächelnd wieder seine weißen Zähne aufblitzen.

»Bei den Amateuren, Samia. Bis jetzt nur bei den Amateuren.«

Es war das erste Mal, dass er meinen Namen sagte, und es gefiel mir, wie er ihn aussprach, mit einem gedehnten A. Saaamia, genau wie Aabe. Ich verdrängte den Gedanken an meinen Vater.

»Willst du ein Profi werden?«, fragte er.

Ich zögerte mit der Antwort, weil ich meinen Ohren nicht traute.

»Willst du Mitglied in unserem Olympischen Komitee werden?«, wiederholte Duran mit seiner sanften Stimme.

Wenn er mich gebeten hätte, ich solle mich von einer Klippe stürzen oder den Fluss Shabelle hochschwimmen – ich hätte keine Minute gezögert.

Sechs Wochen später saß ich wieder in einem Bus. Bloß hatte ich Hooyo dieses Mal nicht wieder monatelang bei der Arbeit helfen müssen, um das Ticket bezahlen zu können. Ein Bus nach Dschibuti. Neben mir saß Hassan. Über meinem Kopf thronte eine Tasche der somalischen Mannschaft. Ich steckte in einem hellblauen somalischen Trainingsanzug.

Alles war so perfekt, dass ich mich nach meiner ersten Begegnung mit Hassan jeden Morgen von Hooyo in die Wange kneifen ließ, um sicherzugehen, dass ich nicht träumte. Morgens war ich die Erste, die ihr ein Lächeln entlockte, während ihre Augen noch verweint waren von der Nacht, in der sie an Aabe gedacht hatte.

Im Bus fühlte ich mich wie Florence Griffith-Joyner, die schnellste Frau aller Zeiten, die perfekte Athletin. Ihr Name hatte sich in mein Gedächtnis eingebrannt, seit ich ihn in Taageeres Bar zum ersten Mal gehört hatte. Der Arme, immer verdonnerte ich ihn dazu, den Sportsender einzustellen.

Ich trug die Farbe meines Landes, das Blau des Himmels und des Meeres, und fühlte mich wie die stärkste Sprinterin der Welt. Ich wünschte mir so sehr, Aabe könnte bei mir sein. Manchmal dachte ich, auch Alì würde genügen, wenn ich Aabe nicht zurückhaben konnte. In ihren Augen hätte ich sehen können, dass alles, was gerade geschah, auch wahr war. Aabe hätte nur zärtlich geflüstert: »Hatte ich dir doch gesagt, meine kleine Kriegerin.« Jeder Zweifel wäre verflogen. Dann hätte er mir den Kopf geküsst, aber ich hätte mich zu ihm hinunterbeugen müssen, weil ich jetzt groß geworden war. Auf seinem Schoß konnte ich nicht mehr sitzen. Und dann hätte er nur gesagt: »Geh. Geh und gewinne.«

Die beiden Fahrer wechselten sich ein paar Mal ab, und ich schlief fast die ganze Zeit. Hassan war ja da und konnte auf mich aufpassen. Nach achtundzwanzig Stunden kamen wir in Dschibuti an.

Die Nacht vor dem Lauf ruhten wir uns aus, um am Start in Bestform zu sein. Ich hatte mir nie vorstellen können, einmal in einem Hotel zu übernachten, genauso wenig wie in einem Auto oder einem Bus zu fahren oder einmal den Trainingsanzug der somalischen Nationalmannschaft zu tragen. Und jetzt war das alles wahr. Anscheinend war mein Glücksstern aufgegangen. Vielleicht hatte Aabe ihn heimlich irgendwo in den Himmel gehängt.

Das Hotel war nicht schön, es war noch nicht mal sehr sauber, es war das, was sich unser armes Olympisches Komitee leisten konnte. Aber ich hatte ein Zimmer für mich allein, ein Bett mit Matratze und sogar Teppichboden. Er war schon etwas abgenutzt und hatte Brandlöcher von Zigaretten, dafür gab es keine Nachttiere, keine Spinnen oder Kakerlaken, die Ubah immer wahnsinnig machten. Manchmal sprang sie wie eine Heuschrecke durchs Zimmer und weckte uns alle mit ihrem Geschrei auf. Hier gab es nichts Störendes. Nur Schönes. Und am schönsten war das Bad. So eins hatte ich noch nie gehabt. Wir teilten uns immer das Bad im Hof. Ein Kabuff mit einem Loch in der Mitte, das einmal die Woche geleert wurde. Fließendes Wasser hatten wir nicht, meine Brüder gingen jeden Abend vorm Essen zum Brunnen. Im Hotel in Dschibuti hatte ich ein Badezimmer für mich ganz allein. Mit einem Wasserhahn über dem Waschbecken. Es war zwar ein bisschen schmutzig, der tropfende Hahn hatte eine rötliche Spur darin hinterlassen, aber wenn ich ihn aufdrehte, kam alles

Wasser der Welt heraus. Und eine Badewanne mit Dusche. Ich konnte mich unter das warme Wasser stellen und mich waschen, solange ich wollte, ohne dass Hooyo etwas sagte. Eine Kloschüssel gab es auch. Ich brauchte bloß den Spülknopf zu drücken, und weg war der Gestank.

Nach zehn Minuten in diesem Zimmer wäre ich gerne an die Rezeption gegangen, um bei Taageere anzurufen und Hodan alles zu erzählen. Aber ich hob mir die Neuigkeiten für meine Rückkehr auf.

In der Nacht, auf dieser Matratze, schlief ich so tief, als würde ich nie mehr aufwachen.

Am nächsten Morgen fuhren wir mit dem Bus direkt ins Stadion hinein. Ein richtiges Sportstadion, wie ich zuvor noch nie eines gesehen hatte. Nicht mal das von Hargeisa war vergleichbar. Das hier war größer als das neue Stadion in Mogadischu, das von Milizionären und ihren Panzern besetzt war. Es war riesengroß mit hohen Rängen. Sie waren mit einer brodelnden Menge Menschen besetzt, die Chöre bildeten, sangen, klatschten oder pfiffen. Ich war sehr aufgeregt, aber Hassan schien vollkommen Herr der Lage zu sein.

Die anderen Athletinnen kamen mir alle viel größer und muskulöser vor als ich. Und alle waren besser angezogen. Ich trug einen gebrauchten Trainingsanzug. Und ging in meinem eigenen Hemd, meinen eigenen Shorts an den Start. Mit dem Stirnband von Aabe. Mehr konnte Somalia sich nicht leisten; was ich hatte, kam mir schon unendlich viel vor. Die anderen trugen Funktions-Shirts mit passenden Shorts. Markenschuhe und -strümpfe.

Ich fühlte mich unwohl, fehl am Platz, minderwertig. Aber Hassan blieb ruhig, als sei er das alles gewöhnt.

Ich solle nur daran denken, dass ich, genau wie die anderen, hier sei, um mein Land zu vertreten, und mein Bestes geben. Und das sofort: Es gab keine Qualifikationsrunde, nur die 200 Meter, auf denen es um alles ging.

»Renn so schnell du kannst«, sagte Hassan vom Pistenrand aus, während unsere Gruppe darauf wartete, aufgerufen zu werden.

»Ich versuch's.«

»Samia.« Ich sah ihn an. Er senkte die Stimme fast zu einem Flüstern. »Du wirst heute nicht gewinnen. Nicht mal annähernd. Aber zeig mir, was du kannst. Zeig mir, dass die Bahn, das Publikum und die Gegnerinnen dir keine Angst einjagen.«

Ich kniff die Augen zusammen, als würde die Sonne mich blenden, damit ich den Blick nicht senken musste.

»Ich habe nie Angst«, log ich.

»Prima. Heute auch nicht. Du wirst sehen, alles läuft, wie es laufen muss.«

Dann ging er ans Ende der Bahn, hob meinen Anzug auf, den ich vor dem Aufwärmen dort abgelegt hatte, und ließ mich bis zum Aufruf allein.

Genau wie in Hargeisa, und mittlerweile jeden Abend in Mogadischu, legte ich mich auf den Boden. Es war ein Ritual geworden. Ich spürte gerne das stachelige Gras im Rücken und seinen schwachen Duft in der Nase. Ein Ritual, das mir hoffentlich auch hier Glück bringen würde.

Als mein Name aufgerufen wurde, stand ich auf. Mit gesenktem Kopf, konzentriert, erreichte ich meinen Block. Ich startete in der fünften Bahn. Sehr viel schneller als erwartet ertönte der Startschuss.

Peng.

Ich gab mein Bestes, alles, was ich konnte. Die anderen

waren viel schneller als ich, Hassan hatte recht. Ich ging bis ans Limit, aber es war nichts zu machen. Auch wenn meine Muskeln vor Anstrengung fast platzten, es nutzte nichts. Ich ging als Sechste von acht durchs Ziel. Es war nicht gut gelaufen, aber ich war trotzdem fast im Himmel.

Aabe hatte mich von da, wo er war, beobachtet und war mindestens genauso glücklich wie ich, das spürte ich. Vielleicht noch glücklicher. Seine kleine Kriegerin war gelaufen und hatte alles gegeben, auch wenn sie nicht gewonnen hatte. Darauf kam es ihm gar nicht an, ich wusste das. Ihm war nur wichtig, dass ich an meine Grenze ging.

Zwei Tage später erzählte ich zu Hause jede Kleinigkeit. Die Fahrt, das Hotel, das Stadion, die Gegnerinnen, die vielen Zuschauer, Hassan, einfach alles. Zu jedem meiner Geschwister ging ich einzeln hin und wollte die ganze Geschichte erzählen, immer wieder. Ich war völlig aufgedreht.

Hodan war merkwürdig. Sie war glücklich, wirkte aber irgendwie weit weg. Als wollte sie mir etwas sagen und wartete nur auf den richtigen Augenblick, auch wenn sie alles tat, damit ich es nicht bemerkte. Aber zwischen uns konnte es keine Geheimnisse geben. Ich erfasste alles, was in ihr vorging, auch die kleinste Regung, genau wie sie alles von mir erfasste.

Erst kurz bevor wir zu Bett gingen, sagte sie, dass sie mit mir sprechen wolle. Dass sie eine Entscheidung getroffen habe. Ich wusste nicht, wovon sie sprach. Sie weinte und stammelte immer wieder, sie habe sich entschlossen. Da nahm ich sie bei der Hand und ging mit ihr ins Zimmer, auf unsere Matratzen, unseren vertrauten Platz. Es konnte ja gar nichts so Schlimmes mehr geben, wir hatten durch Aabes Tod schon allen vorstellbaren Schmerz erlitten. Aber

Hodan weinte und weinte und sagte, eigentlich gäbe es keinen Grund, weil es in Wirklichkeit um eine gute Sache ging, eine schöne. Zumindest für sie.

Dann sprach sie. Hodan hatte sich entschlossen, das Land zu verlassen. Die Schuldgefühle, die sie wegen Aabes Tod hatte, waren zu groß. Sie musste gehen. Sie wollte mir nicht vor Dschibuti davon erzählen, weil sie meine Vorbereitungen nicht beeinträchtigen wollte. Und vielleicht wäre ich ja sogar als strahlende Siegerin heimgekehrt.

Sie hatte ihre Entscheidung schon vor zwei Monaten getroffen, und ich hatte nichts bemerkt. Aabes Tod und das Olympische Komitee mussten mich völlig blind gemacht haben, wenn mir entgangen war, dass Hodan eine derart wichtige Entscheidung ausbrütete.

Immer und immer wieder sagte sie, es sei allein ihre Schuld, dass Aabe nicht mehr da war, aber ich wusste, dass auch ich schuld daran war. Im Grunde meines Herzens glaubte ich, Aabe sei gegangen, damit ich in Frieden laufen konnte. Irgendwas stimmte nicht, sagte Hodan. Denn Aabe hatte uns zwar immer aufgefordert, unserem Freiheitsdrang zu folgen, hatte ihn sogar bestärkt, war aber deswegen zuerst lahm geworden und schließlich ermordet worden.

Ich beschwor sie, rief ihr das Versprechen in Erinnerung, das wir uns vor Jahren gegeben hatten und das für mich nie seine Gültigkeit verloren hatte. Wir wollten unser Land nie verlassen, wir wollten es verändern. Vielleicht hatte Aabe sich geopfert, damit wir unsere Träume mit der größtmöglichen Freiheit realisieren konnten. Denn schließlich hatte auch er davon geträumt, unser Land zu befreien.

»Hast du vergessen, was wir uns jeden Abend im Bett erzählt haben?«, fragte ich sie unter Tränen.

»Natürlich habe ich meine Lieder nicht vergessen«, antwortete sie mir hart, ihre Stimme war wie aus Stein.

»Und wieso willst du jetzt fortgehen?«

»Alles ist anders geworden, Samia.«

»Was denn? Früher war Krieg, und jetzt ist immer noch Krieg.« Wütend knetete ich meine Hände.

»Jetzt gibt es Al Shabaab.« Hodan war ganz ruhig, im Gegensatz zu mir. »Früher gab es Respekt, jetzt gibt es nur noch Gewalt.«

»Wir müssen uns weiter anstrengen«, beharrte ich und schlug mit der Faust auf die Matratze.

»Nein, unsere Anstrengungen werden nur zu weiterer Gewalt führen, verstehst du das nicht, Samia?«

Nein, es war nicht nur, dass ich es nicht verstand, ich wollte es auch nicht wahrhaben.

»Ich muss hierbleiben und weiterlaufen. Das ist mein Schicksal. Ich muss die Olympischen Spiele gewinnen, Hodan. Ich muss der ganzen Welt zeigen, dass wir uns ändern können. Ich muss das Versprechen halten, das ich Aabe gegeben habe … Das muss ich einfach.«

»Du hast eine Begabung, Samia«, sagte Hodan mit ruhiger Stimme und legte mir eine Hand auf die Schulter, »und es ist richtig, dass du deinen Weg weitergehst.«

Sie wischte ihre Tränen weg und schnäuzte sich. Wie Hooyo, wenn sie verbergen wollte, dass sie gerührt war. Wie sie dastand, in diesem Licht, hatte Hodan das Gesicht unserer Mutter. Sie war eine Frau geworden, und ich hatte es nicht bemerkt.

»*Mein* Traum ist jetzt aber die Freiheit. Sofort, ohne Kompromisse. Ich träume davon, die Familie zu haben, die ich mit Hussein nicht haben konnte. Ich träume davon, dass meine Kinder in Frieden aufwachsen. Der Krieg hat mir zu allem noch den Mann genommen, und ich weiß nicht mal genau, wo er jetzt lebt.« Sie machte eine Pause. »Ich brauche ein neues Leben, Samia.«

»Ich träume auch davon, eine freie Frau sein, und diesen Traum werde ich wahrmachen, und zwar hier«, sagte ich und schob ihre Hand von der Schulter.

»Ich nicht, Samia.« Sie schwieg, vielleicht eine Minute lang, mir kam es vor wie ein Jahr, wie tausend Jahre. »Ich gehe nach Europa. Vielleicht nach England, wie Mo Farah.« Mit dem Kinn zeigte sie auf das Foto, das noch immer an derselben Stelle hing, wo ich es vor vielen Jahren befestigt hatte, daneben die zwei Medaillen aus Hargeisa. »Vielleicht nach Schweden oder nach Finnland.«

Es gab nichts mehr zu sagen. Hodan hatte ihre Entscheidung getroffen.

Am besten nutzte ich die Zeit bis zu ihrer Abreise, um mich damit abzufinden, sonst würde mich die Trennung unvorbereitet treffen und mich noch mehr durcheinanderbringen.

Je mehr ich beim Laufen gewann, umso mehr verlor ich im Leben, so kam es mir langsam vor.

17

Nach dem Wettkampf in Dschibuti schenkte mir das Komitee ein Paar Laufschuhe. Solche mit Spikes in der Sohle. Aber was mein Leben am meisten veränderte, war die Tatsache, dass ich jetzt am helllichten Tag im Koonis-Stadion laufen durfte.

Jeder Vollmond bedeutete für mich nun einen Vollmond weniger bis zu Hodans Abreise. In den Monaten vor unserem Abschied trainierte ich genauso viel wie vorher, wenn nicht sogar mehr. Der Tunnel, in dem ich seit Aabes Tod steckte, war noch finsterer geworden. Ich senkte den Kopf und versuchte hinauszurennen. Mir blieb keine andere Wahl. Ich hatte nur ein einziges Ziel: meinen Kopf abzuschalten, damit ich die Qualifikation für die Olympischen Spiele 2008 in Peking schaffte. Wie ich es Aabe versprochen hatte. Und ich wusste, dass alles von mir abhing, von den Zeiten, die ich auf dem Platz erreichen würde.

Die Schule hatte ich aufgegeben, weil wir sie uns nicht mehr leisten konnten. Je länger der Krieg dauerte, desto weniger Geld hatten die Leute. Das Wenige, was Hooyo mit nach Hause brachte, brauchten wir für Essen.

Eigentlich fand ich das gar nicht so schlimm, weil ich dann morgens und abends laufen konnte. Abends war ich vollkommen erledigt, aber das war mir egal, ich fiel vor den anderen auf die Matratze und wachte erst am nächsten Morgen nach sehr tiefem und erholsamem Schlaf energiegeladen auf. Insgeheim versuchte ich auch, mir Hodans Lieder, ihre Zärtlichkeit abzugewöhnen, ihre Hand, die meine vorm Einschlafen drückte.

Zum zweiten Mal hieß es Abschied nehmen. Nur dass wir uns dann nicht einmal mehr tagsüber in der Schule sehen würden.

In der Zeit vor Hodans Weggang waren wir noch unzertrennlicher als sonst, und gleichzeitig mieden wir uns auf fast krankhafte Weise. Wenn eine von uns nach Hause kam und die andere nicht da war, suchten wir stundenlang nacheinander, und sobald wir uns gefunden hatten, sprachen wir kein Wort miteinander. Oder wir stritten uns wie nie zuvor, und wenn Hooyo oder Said versuchten, uns zu versöhnen, brachen wir in Tränen aus und fielen einander in die Arme. Es waren unsere wirren Versuche, Abstand voneinander zu gewinnen.

Es kam der Abend im Oktober 2007, als Hodan sich auf »die Reise« machte. Sie hatte einen kleinen Rucksack mit wenigen Dingen gepackt, hatte das Geld für die Busfahrt nach Hargeisa bei sich und kaum einen Schilling mehr. Das war das erste, zwingende Etappenziel, wenn man das Land verlassen wollte.

Ohne Vorankündigung stand sie auf einmal abfahrbereit vor uns. Sie wollte keine große Abschiedsszene, besonders wegen Hooyo. Ich wunderte mich nicht, es passte zu Hodan. Es blieb also keine Zeit für Tränen. Wir umarmten einander, alle Geschwister küssten sie, zuletzt Hooyo, die ihr eine der Muscheln aus dem Schraubglas schenkte, die sie von Aabe zur Verlobung bekommen hatte. Unser tragbares Meer, dem wir als Kinder immer gelauscht hatten.

Sie wickelte sie in ein weißes Taschentuch und band es ihr ums Handgelenk, bevor sie sie gehen ließ.

Dann war Hodan gegangen.

Zu Fuß, allein, zum Busbahnhof. Ohne zu wissen, was sie nach der Ankunft in Hargeisa überhaupt tun würde. Aber auch das war Hodan.

Die Reise schwirrte uns allen im Kopf herum, vom ersten Tag unseres Lebens an. Jeder hatte Freunde oder Verwandte, die sie entweder selbst unternommen hatten oder die jemanden kannten, der sie unternommen hatte. Sie war eine Art Fabelwesen, das ebenso gut Rettung wie Tod bedeuten konnte. Keiner wusste, wie lange sie dauerte. Wenn man Glück hatte, zwei Monate. Wenn man Pech hatte, ein Jahr oder auch zwei.

Von Kindesbeinen an war die Reise eines unserer beliebtesten Gesprächsthemen. Jeder wusste eine Geschichte von Verwandten zu erzählen, die ihr Ziel in Italien, Deutschland, Schweden oder England erreicht hatten. Von Wagenladungen von Menschen, die von der Sonne verbrannt im Ofen der Sahara gestorben waren. Von Menschenhändlern und entsetzlichen libyschen Gefängnissen. Und von unzähligen Reisenden, die bei der Überfahrt von Libyen nach Italien, dem schwierigsten Abschnitt, im Mittelmeer starben. Manche behaupteten, Zehntausende, manche, Hunderttausende. Seit unserer Kindheit kannten wir diese Geschichten, diese Zahlen ohne Grundlage. Weil die, die ankamen und zu Hause anriefen, immer nur dasselbe sagten: Beschreiben kann ich sie nicht, die Reise. Schrecklich war sie, so viel steht fest, aber mit Worten kann ich sie nicht beschreiben. Deshalb blieb sie ein Geheimnis. Ein Geheimnis, das für manche überlebensnotwendig war.

Wie alle, die sich auf den Weg machten, wusste Hodan

nur, dass sie nach Nordeuropa wollte. Irgendwie würde sie die zehntausend Kilometer überwinden. Sie würde einen netten Mann kennenlernen, wieder heiraten, Kinder bekommen und ein glückliches Leben führen. Jeden Monat würde sie Geld nach Hause schicken, ein bisschen für Hooyo, ein bisschen für mich, damit ich weiterlaufen konnte, und wenn sie Fuß gefasst hätte, würde sie uns die Reise bezahlen. So machten es alle, und das wusste sie, so viel wusste sie. Wozu sich über den Rest den Kopf zerbrechen? Mit dieser Mischung aus Leichtigkeit und Ahnungslosigkeit war sie gegangen.

Wir machten uns natürlich große Sorgen. Wir wussten, dass wir nur hin und wieder Nachricht bekommen würden, wenn überhaupt. Wir waren der blinden Hoffnung ausgeliefert, und das sorgte uns nur noch mehr.

Manchmal, wenn sie irgendwo ein Telefon fand, rief sie uns an. Said hatte ein Handy gekauft, das reichten wir herum, und so konnte Hodan mit jedem von uns ein paar Worte wechseln. Wenn sie eine Internetverbindung hatte, wie im Sudan oder in Libyen, verabredeten wir uns für eine Stunde später, und dann ging ich zu Taageere. Es war weit und breit die einzige Möglichkeit, einen Computer zu nutzen. Wir schrieben uns stundenlang. Manchmal sogar an aufeinanderfolgenden Tagen, wenn sie länger an einem Ort bleiben musste und darauf wartete, dass Said, Abdi, Shafici oder Hooyo genug Geld zusammengekratzt hatten, um es ihr zu schicken. Dann konnte sie den Schleppern wieder ein Stück der Reise bezahlen. Sehnsüchtig erwartete Hodan immer den Tag, an dem sie das Geld am Schalter von Money Transfer abholen konnte. Auch wenn sie mit allen Mitteln versuchte, so zu tun, als wäre alles in Ordnung, wusste ich doch, dass die Reise fürchterlich für sie war.

Wie sollte es auch anders sein? Sie war allein, hatte kein Geld und befand sich in der Gewalt von Menschenhändlern, die die Flüchtlinge *hawaian*, Tiere, nannten und sie verprügelten wie Vieh, wenn sie nicht zahlten.

Manchmal schrieb sie mir, dass sie Angst hatte, große Angst. Manchmal konnte sie es nicht vor mir verbergen. Und auch wenn ich ebenfalls große Angst hatte, schrieb ich zurück: »Sag nicht, dass du Angst hast, Abaayo, sonst können deine Wünsche nicht wahr werden.«

Genau wie Aabe es mir beigebracht hatte, als ich klein war. Du darfst nie sagen, dass du Angst hast, sonst geht die Angst, dieses hässliche, böse Ungeheuer, nie mehr weg.

»Sag nicht, dass du Angst hast, kleine Samia«, hatte Aabe gesagt, und genau das sagte ich jetzt Hodan. »Sag das nicht.«

Sonst kommst du nicht nach Europa.

Aber Allah wollte, dass Hodan unter den Glücklichen war. Anfang Dezember 2007, nach nur zwei Monaten, konnte sie an Bord eines alten Bootes gehen, das sie von Tripolis direkt an die Küste von Malta brachte.

Sie war angekommen.

Sie hatte es geschafft, das Ungeheuer zu besiegen.

Sie war in Europa.

18

Drei Wochen nach Hodans Ankunft in Europa bestellte Hassan mich in sein Büro.

»Samia, wir glauben, dass du unserem Olympischen Komitee und unserer Nation sehr viel geben kannst«, hob er an.

»Danke, Hassan«, antwortete ich.

»Wir sehen deinen Einsatz, deinen eisernen Willen, deinen Siegeseifer und das wollen wir anerkennen.«

»Danke noch mal, Hassan.«

Es war das erste Mal, dass er mich in sein Büro bestellte und so mit mir sprach, ich versuchte zu verstehen, was er vorhatte.

»Du wirst keine gute Platzierung schaffen, Samia, aber es könnte eine Art Generalprobe für die nächsten Olympischen Spiele in London sein, damit du mit den Abläufen vertraut wirst. Ich möchte dich fragen, ob du bereit bist, nach China zu fahren und dort anzutreten.«

Ich traute meinen Ohren nicht. Kaum hatte er die Worte »Olympische Spiele« ausgesprochen, entstand völlige Leere in mir. Er redete weiter, aber ich konnte nichts mehr hören. In diesem Augenblick löste ich mich von dieser Welt. Alle meine Gedanken flossen in einem einzigen Bild zusammen, einer Momentaufnahme der Ruhe und Heiterkeit: ein Strohstuhl, ein Fenster, durch das schräg das Sonnenlicht fiel und einen Teil des Bodens aus Erde und Staub erhellte. Ein Zimmer, das Zimmer meiner Eltern, und ich stand vor Aabe und versprach ihm, dass ich mit siebzehn zu den Olympischen Spielen fahren würde.

Dann kamen Tränen. Zwei. Die üblichen zwei.

Hassan machte einen Witz, den ich kaum hörte. Er hielt sie für Freudentränen, aber das stimmte nur zur Hälfte. Sie kamen aus meinem tiefsten Innern, aus dem Zorn, dass Aabe nicht mehr bei mir war, dass meine Schwester meine Freude nicht mit mir teilen konnten und mein treuester Gefährte schon vor so langer Zeit mitsamt seiner ganzen Familie geflohen war.

Das Olympische Komitee hatte mich und Abdi Said Ibrahim ausgewählt, einen achtzehnjährigen Jungen, der in den vergangenen Monaten mein bester Freund und Trainingskamerad geworden war. Zuerst wurde dadurch meine Sehnsucht nach Alì nur noch größer, aber sie ließ schon bald nach.

Wir trainierten jeden Tag. Al Shabaab hatte immer mehr Macht, und alles wurde schwieriger. Manchmal kamen wir nicht bis zum Stadion, wurden von Milizionären angehalten, die uns anpöbelten oder Geld von uns wollten, weil wir angeblich die westlichen Länder unterstützten. An solchen Tagen mussten wir auf der Straße laufen, immer in der Hoffnung, in den freien Räumen zwischen brennenden Autoreifen und Abfallhaufen nicht auf noch mehr Milizen zu stoßen.

Außerdem musste ich, auch als Athletin des Olympischen Komitees, verhüllt trainieren. Es interessierte keinen, was ich da machte oder für wen. Ich hatte die Gesetze des Korans zu befolgen und Kopf, Oberkörper, Arme und Beine zu bedecken.

Eines Morgens hielten zwei Hawiye-Milizionäre Abdi an und nahmen ihm die Schuhe weg. So kannst du besser laufen, sagten sie. Du Neger. Barfuß, wie ein echter Afrikaner eben.

Wir versuchten immer so zu tun, als ob nichts wäre. Wir trainierten mit dem, was wir hatten. Wir hatten keinen Coach, keinen Techniker, keinen Arzt, nichts Vernünftiges zu essen. Wir hatten keine Sportlernahrung für unseren Bedarf an Kalorien, Eiweiß, Vitaminen und Mineralstoffen. Manchmal hatten wir gerade genug zu essen, um einigermaßen zu überleben. Hooyo verdiente immer weniger, fast nichts mehr, und manchmal gab es nur gekochtes *angero* und Wasser. Brot und Wasser.

Aber das Wichtigste besaß ich noch: meine Stoppuhr. Ich konnte meine Zeiten nehmen. Egal, was passierte, ich musste wissen, wie meine Zeiten waren. Ich war wie besessen davon. Ich musste schneller werden. Wenn sie sich innerhalb einer Woche nicht verbesserten oder sogar verschlechterten, fiel ich in ein tiefes Loch, aus dem nur Abdi mir heraushelfen konnte. Und dann lief ich mit noch mehr Energie weiter.

Wir standen in ständigem Kontakt zu Hodan. Sie rief auf Saids Handy an oder wir schrieben uns stundenlang übers Internet. Sie hatte in Malta Fuß gefasst und sich mit Omar verlobt, einem jungen Somalier, den sie während der Reise kennengelernt hatte. Er hatte ihr sehr geholfen, es war auch sein Verdienst, dass Hodan es geschafft hatte. Sie hatte mir gleich von ihm erzählt, und ich wusste sofort, als sie seinen Namen zum ersten Mal aussprach, dass sie sich in ihn verliebt hatte.

Im April kam eine Nachricht, die ich anfangs kaum

akzeptieren konnte, die mich dann aber mit großer Freude erfüllte. Unsere kleine Hodan, die zwar meine große Schwester war, aber mit mir immer die Jüngste in der Familie bleiben würde, war schwanger. Sie hatte uns gleich informiert, nachdem sie den Test gemacht hatte. Sie war überglücklich. In Malta lebte sie schon seit einiger Zeit mit Omar zusammen, in einer Wohnung, die die Regierung und Menschenrechtsorganisationen zur Verfügung stellten. Sie hatten beschlossen, eine Familie zu gründen und nach Norden zu gehen, nach Schweden vielleicht oder nach Finnland, wo Kriegsfluchtlinge noch besser unterstutzt wurden.

Jedes Mal, wenn wir uns schrieben, sagte Hodan, sie spüre, dass es ein Mädchen werden würde. Sie spürte, dass sie so werden würde wie ich, mit schnellen Beinen. Schon in der zwanzigsten Woche, erzählte sie mir, strampelte sie wie eine Verrückte.

So vergingen die vier Monate bis zu meiner Abreise nach China. Ich trainierte, traf mich ein paar Mal mit dem Olympischen Komitee, um darüber zu sprechen, wie meine und Abdis Zeiten besser werden konnten, und telefonierte mit meiner geliebten Schwester.

Hooyo wurde immer ängstlicher. Durch Aabes Tod und Hodans Abreise waren Trennungen für sie unerträglich geworden, auch wenn sie nur vorübergehend waren. Immer wenn eines meiner Geschwister von den Olympischen Spielen sprach, verschleierten sich Hooyos Augen. Wir erklärten ihr, dass sie eigentlich glücklich sein müsse, dass es für mich fantastisch sei, aber sie dachte nur an das, was alles schiefgehen konnte.

Natürlich hatte sich die Nachricht von meiner Teilnahme an den Olympischen Spielen in ganz Boondhere, unserem versehrten Stadtviertel, herumgesprochen. Und je näher die Abreise rückte, desto mehr Nachbarn besuchten mich und brachten mir ein kleines Geschenk oder einen Glücksbringer. Es waren alles Menschen, mit denen ich groß geworden war. Menschen, die ich liebte, deren Zuneigung ein kostbarer Schatz für mich war.

»Gute Reise, Samia, mach unserem Land keine Schande«, sagte Asiya mit zitternder Stimme, ein altes Mütterchen, das mich am Tag meiner Geburt im Arm gehalten hatte. Sie war eine Art Großmutter für mich, zwei meiner leiblichen Großeltern lebten nicht mehr und die anderen beiden wohnten weit weg, in Jazeera. »Ich habe dir was mitgebracht«, sie gab mir ein Baumwoll-T-Shirt, »ich habe es dir auf dem Markt gekauft, es soll dir Glück bringen. Vielleicht willst du es ja bei dem Wettlauf anziehen ...«

»Natürlich, Großmutter Asiya, keine Sorge, ich werde es versuchen. Ich kann es ja beim Training anziehen«, antwortete ich.

»Grüß China von uns, Samia, und iss nicht diese komischen frittierten Tiere«, sagte Taageere, Aabes und Aabe Yassins alter Freund.

»Alles klar, Taageere, ich esse nur frisches Obst und Reis«, beruhigte ich ihn.

Und immer so weiter. Dutzendweise kamen sie, jeden Tag, um mir ihren Segen zu geben. Aber wenn sie mir Komplimente machten, versuchte ich die Sache kleinzureden, es sei ja auch nur ein Wettkampf wie alle anderen, nichts Besonderes.

Aber mich selbst konnte ich nicht kleinreden. Denn obwohl ich nicht groß war, war ich eine Kriegerin. Und die kleine Kriegerin war auch dieses Mal bereit zu kämpfen.

19

Am Abend, bevor ich nach China reiste, rief Hodan an und sagte, dass sie bald entbinden würde und schon ins Krankenhaus ging.

Für mich war das ein Zeichen des Schicksals. Ich fühlte eine konkrete und lebendige Verbindung mit diesem kleinen Wesen, das da auf die Welt kommen sollte, auch wenn wir so weit voneinander entfernt waren und ich noch nicht mal Hodans Bauch gesehen hatte. Es war der 6. August 2008.

In dieser Nacht machte ich kein Auge zu. Allein die Vorstellung, in ein Flugzeug zu steigen, war schon schrecklich, aber dann auch noch so weit zu fliegen, nach Asien, in ein Land, das ich nur vom Hörensagen kannte, erfüllte mich mit Todesangst. Ich stellte mir Leute mit gelber Haut vor. Wie man durch die Schlitze, die sie anstelle von Augen hatten, überhaupt etwas sehen konnte, war mir schleierhaft. Und blitzschnell mussten sie auch sein, bestimmt war es, als würde man mit dem Fuß in einen wild gewordenen Ameisenhaufen treten. Ich hatte wirklich Angst. Aber am meisten vor dem Wettkampf. Ich hatte schon etliche hinter mir, aber außer dem in Dschibuti keinen wirklich bedeutenden. Ich wusste nicht, was auf mich zukam.

Wie würden die anderen sein? Ich dachte an meine Vorbilder, die echte Athletinnen waren, und fühlte mich vollkommen ungenügend. Ich hatte nicht mal einen Trainer.

Was Abdi wohl gerade in seinem Bett dachte? Morgens auf dem Platz war er mir noch aufgeregter vorgekommen als ich selbst. Würde ich überhaupt laufen können? Oder würde ich beim ersten Schritt stolpern, im Startblock hängen bleiben und wie ein Fleischwickel vor den Kameras der Welt auf dem Boden herumrollen? Wie viele Menschen würden mein Gesicht sehen? Hassan hatte uns erzählt, dass weltweit eine Milliarde Zuschauer die Spiele verfolgte.

Eine Milliarde war eine Zahl, die ich mir nicht mal vorstellen konnte. Wenn ich an viele Menschen dachte, dachte ich an Dschibuti, die dicht mit jubelnden und erwartungsvollen Frauen, Männern und Kindern besetzten Ränge. Aber weiter konnte ich nicht denken. Das waren ungefähr dreißigtausend Menschen, wenn überhaupt. Aber eine Milliarde? Wie musste ein Stadion aussehen, in das eine Milliarde Menschen passte? Allein bei dem Gedanken wurde mir schwindlig. Aber dann dachte ich an meine kleine Nichte, die bald auf die Welt kommen würde und im Bauch schon strampelte, weil sie laufen wollte. Und in diesen Gedanken an meine Familie fand ich meine innere Ruhe wieder.

Alles würde schnell vergehen. China. Olympiade, allein dieses Wort war so groß, dass mir der Kopf davon platzte. Alles würde nur so lange dauern wie ein Traum, und dann würde ich wieder nach Hause kommen, Hooyo und meine Geschwister in die Arme schließen und wieder auf meinem geliebten, heruntergekommenen Platz laufen, wie immer.

Am nächsten Morgen reisten wir zu dritt ab. Ich, Abdi und der Vizepräsident des Olympischen Komitees Duran Farah. Ich hatte gehofft, der Sonnenaufgang würde die Angst vertreiben, aber nein. Die Vorstellung, in China zu landen, ließ meinen Adrenalinspiegel ansteigen, aber alles, was davor kam, erschreckte mich zu Tode. Das Fliegen machte mir nicht nur Angst. Es regte mich derart auf, dass ich fast ohnmächtig wurde. Vielleicht lag es aber auch daran, dass ich seit Tagen nichts mehr aß.

Als ich bei der Niederlassung des Olympischen Komitees eintraf, fragten Abdi, Hassan und Duran Farah, ob ich vielleicht krank sei, mir die Malaria eingefangen hätte. Ich war ein Häufchen Elend. Sie zwangen mich, Zuckerwasser und einen Energydrink zu trinken. Mein Magen war derart verkrampft, dass ich auf die Toilette rannte und das bisschen Flüssigkeit wieder erbrach.

Am Flughafen wurde die Situation noch schlimmer. Ich war noch nie dort gewesen. Ich hatte Flugzeuge immer für Drachen gehalten, die durch den Himmel stürmen und endlose weiße Spuren hinter sich herziehen. Ich hätte nie gedacht, dass ich mal in einem sitzen würde. Geschweige denn mit siebzehn, um damit nach Peking zu fliegen.

Wir konnten die Sicherheitskontrollen nur mit den Sondergenehmigungen passieren, die das Olympische Komitee mit Mühe für uns bekommen hatte. Weder Abdi noch ich hatten einen Pass, wir waren ja im Krieg geboren. Die Granatwerfer verbannten uns dazu, innerhalb der Grenzen unseres Landes zu leben. Die einzige Alternative war, die Reise zu riskieren.

Zu unserer großen Überraschung winkte uns eine Gruppe von vielleicht zehn oder fünfzehn Fans beim Abschied zu. Auf dem Kopf trugen sie das blaue somalische Stirnband mit dem Stern. Mit erhobenen Armen grüßten wir zurück, die Kehlen vor Aufregung wie zugeschnürt.

Bei den Kontrollen riss ich mich zusammen, um so gesund wie möglich zu wirken. Aber sobald wir an den Beamten vorbei waren, zitterten mir die Beine so stark, dass ich mich abstützen musste. Am Gate blieb ich wie festgenagelt in dem roten Samtsessel sitzen, während Abdi und Duran sich am Getränkeautomaten zu schaffen machten. Als der Flug aufgerufen wurde, sahen sie sich an und nickten. Sie verabreichten mir eine Schlaftablette, die sie in einem der Plastikbecher aus dem Automaten aufgelöst hatten, damit sie mich ins Flugzeug verfrachten konnten.

Ich schlief so tief wie vielleicht nur meine kleine Nichte, die noch gar nicht auf der Welt war. Zwölf Stunden am Stück, direkt nach dem Start, wie im Koma. Nur der Anblick des Meeres, das sich unerwartet unter mir auftat wie ein zu umarmendes Wunder, konnte den Schlaf wenige Minuten hinauszögern. Dann ergab ich mich der Macht der Medizin. So verlief die Reise insgesamt weniger problematisch als befürchtet.

Bei der Ankunft in Peking ging es mir blendend. Zurück auf dem Boden, war alles wieder normal. Der Flughafen war hypermodern, riesengroß und absolut spektakulär. Ganz aus Glas und Stahl, alles glitzerte und glänzte. Das komplette Gegenteil vom Flughafen in Mogadischu. Verglichen mit diesem wirkte er wie die Bar von Taageere, wo alles nur aus Holz und Wellblech war. Die Glastüren öffneten sich von alleine und warfen das Spiegelbild von unseren drei Figuren zurück, die sich bei so viel Technik unwohl fühlten: überall Aufzüge, Rolltreppen, Restaurants mit glänzenden Theken, WLAN-Anzeigen, Geschäfte mit Computern, Fotoapparaten, Videokameras.

In dieser Flut von geschäftigen Menschen aus aller Herren Ländern, die wild durcheinanderrannten und in allen

Sprachen aufeinander einredeten, bewegten wir uns langsam. Angesichts all dieser Hektik und Modernität fühlten wir uns deplatziert. Als kämen wir aus einem anderen Zeitalter. War hier alles so schnell? Auch meine Gegnerinnen? Und war ich wirklich so wahnsinnig langsam, wie es mir vorkam? Oder war es nur ein Eindruck, und auf der Bahn wäre ich wie sie? Vielleicht trug ich die Langsamkeit meines Landes in den Knochen und würde niemals ihr Niveau erreichen.

Sobald wir den Flughafen verlassen hatten, stürzte ein Durcheinander von Menschen und von Gerüchen auf mich ein, die vollkommen anders waren als alles, was ich gewohnt war. Als wäre die Luft gleichzeitig süßer und schwerer, feuchter. Als hätte sich ein grauer Schleier auf die Welt gelegt. Alles wirkte irgendwie diesig, es stank nach Abgasen und Kohlenstaub.

»Hey, Abdi, Samia, bewegt euch!«, schrie Duran. Während wir wie die Ölgötzen glotzten, hatte er sich um ein Taxi gekümmert: Jetzt stand er neben einem kleinen, kahlen Mann vor dem geöffneten Kofferraum des gelben Wagens und wartete.

»Wir kommen«, antworten wir gleichzeitig und fühlten uns wie zwei Fische auf dem Trockenen.

Dann stiegen wir ins Taxi, Abdi und ich saßen hinten, und fuhren Richtung Stadtmitte.

Wolkenkratzer. Überall Wolkenkratzer, so hoch, dass man aus dem Auto die Dächer nicht sehen konnte. Das heiße Sonnenlicht traf auf die glänzenden Oberflächen aus Stahl und Glas und wurde auf eine merkwürdige Weise zurückgeworfen, irgendwie unnatürlich. Wir waren geblendet und mussten die Augen zusammenkneifen oder den Blick abwenden. Und dann diese frostige Klimaanlage wie schon am Flughafen – ich fühlte mich wie im Eisschrank.

Alles da draußen war riesig und wunderschön. Wir fuhren am Zoo vorbei und sahen ein beeindruckendes Gebäude in Muschelform, das sich als ein riesiges Aquarium herausstellte. Abdi hatte es die Sprache verschlagen, er deutete darauf und sagte minutenlang kein Wort, er hielt es für Zauberei. Ein riesiges Glasgebilde, voll mit Wasser.

»Das ist Zaube…«, sagte er bloß.

»Natürlich ist das Zauberei, wie so vieles hier in China. Etwa noch nie davon gehört, mein lieber Abdi? Von den berühmten chinesischen Zauberkräften?«, nahm ich ihn auf die Schippe. Abdi war wie hypnotisiert, stumm vor Staunen.

Zwanzig Minuten später kamen wir an. Auch das Hotel war wunderschön. Kein Vergleich mit Dschibuti. Marmorsäulen, Marmorfußböden, automatische Türen, große, saubere Zimmer. Mit Fernsehen und Telefon. Das Bett unfassbar weich. Ein ganzer Schrank für meine paar Sachen. Im Bad Handtücher in verschiedenen Größen. Zwei prachtvolle Waschbecken mit einer großen Ablage mit Cremes, Shampoos und verschiedenen Pflegeprodukten. Auf dem Marmorboden ein Teppich mit asiatischem Muster. Und dann die Badewanne.

Wir hatten den Nachmittag zur freien Verfügung. Duran sagte nur, wir sollten uns nicht zu weit entfernen. Ich hatte nicht die geringste Absicht, mich zu entfernen. Das Badezimmer war viel zu schön, um die Zeit in der Stadt zu verschwenden.

Ich ließ die Wanne volllaufen. Die Berührung mit dem heißen Wasser fühlte sich köstlich an. Wie eine große Liebkosung. Das erste Bad meines Lebens. Sofort versanken die ganze Aufregung, die Sorgen und Ängste darin, wurden von der warmen Umarmung einfach weggespült. Ich lag zwei Stunden im Wasser, mindestens.

Anschließend sah ich fern. Chinesische Sender, amerikanische Sender. Ich verstand nur schlecht Englisch, obwohl ich es jahrelang in der Schule gelernt hatte. Die Fernbedienung in der Hand, lag ich auf dem Bett. Auf BBC und CNN sah ich mir die Bilder der letzten Olympischen Spiele an. In genau sechs Tagen würde ich auch auf diesem Bildschirm zu sehen sein. Die ganze Welt würde mir beim Laufen zuschauen, in meinem Gesicht lesen, wie ich es jetzt bei diesen Athleten machte.

Da kann man nichts verbergen, sagte ich mir. Man wird alles sehen, was ich bin. Die ganze Welt wird es sehen. Milliarden von Menschen.

Ich stand auf und ging zum Spiegel, der vom Boden bis zur Decke reichte. Ich war spindeldürr. Ein Grashalm war ich. Meine Beine sahen immer noch aus, als wäre ich eine junge Gazelle, Aabe hatte ganz recht gehabt, als er mich damals so nannte. Sie waren nicht viel kräftiger geworden.

Ich ging näher heran und schnitt vor dem Spiegel ein paar Grimassen, als Übung für die Fernsehkameras: Erschöpfung nach dem Lauf. Gelassenheit vor dem Start. Anstrengung beim Rennen. Dann musste ich lachen und legte mich wieder hin. Ich fühlte mich wie im siebten Himmel.

Der Nachmittag war herrlich. Das ganze Leben lag vor mir, und es würde erfüllt und wundervoll werden. Ich war ein Champion, und ich hatte alle Zeit der Welt, das zu beweisen. Ich war ein Komet auf einem mit glänzenden Sternen bestickten Banner.

Sechs Stunden später trafen wir uns in der Hotellobby, um abendessen zu gehen. Ich fühlte mich ganz entspannt, und Abdi und Duran kamen mir auch so vor. Wir traten aus dem Hotel und gingen ins erstbeste Restaurant. Abdi war hungrig wie ein Löwe, er hätte am liebsten das Tischtuch gegessen. Er musste sich aber mit dem üblichen Reis begnügen. Das chinesische Essen war ihm zu eklig.

Zwei Tage später, am 8. August, wurden die Olympischen Spiele feierlich eröffnet. Mitten unter diesen zehntausend Athleten aus zweihundertundvier Nationen sein zu können, die in ihren traditionellen Kleidern defilierten, war für mich die aufregendste Erfahrung meines Lebens. In alphabetischer Reihenfolge betraten die Landesdelegationen das Olympiastadion. Als wir an der Reihe waren, ergriff uns Euphorie. Das Stadion bebte, begeistert von dem berauschenden Spektakel, der nicht enden wollenden Abfolge von Feuerwerk, Musik und Showeinlagen mit Tausenden von Tänzern, Trommlern und Opernsängern. Ein rauschendes Fest, ein Genuss für Augen und Ohren, für den Geist. Ein unbeschreibliches Eintauchen in das sanfte Herz der Weltenliebe, in dem die verschiedenen Farben nichts anderes waren als einzelne Flicken, verwoben zum Atem der Welt.

Abdi, der uns allen voranging, trug stolz unsere Flagge. Hoch ragte sie empor, blau wie Himmel und Meer. Der weiße Stern in der Mitte erleuchtete das Firmament. Ich lief in unserer Landestracht etwas weiter hinten. Für den Festakt hatte man mir lange Zöpfchen ins Haar geflochten, und ich fühlte mich so schön wie zuvor nur bei Hodans Hochzeit. Wir drehten unsere Runde und begrüßten Zehntausende von Menschen. Alle liebten uns, genau wie wir alle liebten. Am meisten liebten wir unser Land.

Als ich dann im Bett lag, dachte ich, das Leben hätte mir schon mehr gegeben, als ich verdiente. Aber ich irrte mich. Denn vier Tage später, am 12. August, kam Mannaar zur Welt. Hodan rief mich morgens im Hotel an. Sie war überglücklich. Mannaar war gesund und wunderschön, sie sah genau aus wie ich nach meiner Geburt. Ich wollte sie unbedingt kennenlernen. In meinem Herzen spürte ich, dass dieses Mädchen die Freude meines Lebens werden würde.

Am 19. August, dem Tag, an dem ich an den Start gehen sollte, war es brütend heiß. Im Fernsehen berichteten sie morgens, man erwarte den heißesten Tag des Jahres. Die Hitze machte mir nichts aus, daran war ich gewöhnt. Aber die hohe Luftfeuchtigkeit nahm mir den Atem.

Ich war ruhig aufgewacht und hatte Lust zu laufen. Abdi und ich hatten in den vergangenen Tagen gut trainiert, in einem Sportzentrum, das den Teams zur Verfügung gestellt wurde. Ich war energiegeladen, voller Kraft.

Das Getöse der Zuschauermenge auf den Tribünen hörten wir schon, bevor wir das Stadion betraten. Es klang wie das Brummen einer riesigen Fliege, das noch weiter anschwoll, während wir uns in den Bauch des riesigen Olympiagebäudes begaben.

In meiner Gruppe war eines meiner größten Idole, die Jamaikanerin Veronica Campbell-Brown, eine der schnellsten Athletinnen der Welt. Sie leibhaftig zu sehen – anstatt nur ihren Namen in Taageeres scheppherndem Radio zu hören – und mit ihr im selben Rennen zu stehen, verursachte mir eine Gänsehaut.

Wir blieben am Rand der Bahn und genossen zwei Stunden lang das Spektakel der Wettkämpfe der anderen Athleten. Je länger ich ihnen zusah, desto mehr Adrenalin hatte ich im Blut. Ich konnte es nicht abwarten, selbst auf der Bahn zu stehen. Die Tribünen waren gigantisch, besetzt mit Unmengen von Menschen. Unvorstellbar viele Farben, Klänge, Stimmen und Chöre, Spruchbänder in allen Sprachen der Erde. Es schienen noch mehr Menschen da zu sein als bei der Eröffnungsfeier.

Es war ein großes Vergnügen, ein Privileg, das Ganze als Teilnehmerin erleben zu dürfen. Wir waren umgeben von Läufern, Speerwerfern, Hoch- und Stabspringern, manche noch im Trainingsanzug des jeweiligen Landes, andere schon zum Wettkampf bereit. Alle fünfzehn Minuten erklang eine andere Nationalhymne, und in der Zwischenzeit mischte sich alles wie in einem großen Regenbogen. Abdi und ich saßen nebeneinander auf dem Boden, am Rand der Bahn. Deutsche Hünen, blond und in schwarzen Trainingsanzügen, Italiener im himmelblauen Sportdress, Engländer mit weiß-blauen Hemden, dann die Amerikaner in Blau-Rot, Kanadier in Rot, Portugiesen in Grün – alle gingen an uns vorbei. Es war wie ein wunderbarer Rausch aus Farben und Klängen. Und die schwarzen Athleten überragten alle, egal, aus welchem Land sie kamen. Perfekt, groß, Muskeln wie gemeißelt, glänzend vor Salben und Adrenalin. Ringsherum überall Fernsehkameras, Fotografen mit Objektiven, so lang wie die Gewehre der Milizionäre, Journalisten, die wie Falken herabstürzten, mit Mikrofonen in der Hand, auf der Brust den Namen der jeweiligen Sender.

Sie musterten uns, bis sie herausgefunden hatten, wer wir waren, dann gingen sie weiter. Kein Witzchen, keine Frage. Von Zeit zu Zeit ein mitleidiges oder aufmunterndes Lächeln, wenn sie an unseren Trainingsanzügen erkannten, dass wir aus Somalia kamen. Wir waren keine Stars.

Dann gingen wir wieder rein, die Gruppen für den 200-Meter-Lauf waren aufgerufen worden. Auf dem Weg zum Tunnel, der ins Innere des Stadions führte, kam es mir vor, als würde ich im Augenwinkel einen schwarzen Athleten aus England sehen, blau-weiß-roter Trainingsanzug, das Gesicht kam mir bekannt vor. Ich drehte mich um und mein Herz blieb fast stehen.

Fünfzig Meter von mir entfernt, mitten auf dem grünen Rasen, stand Mo Farah. Neben ihm auf dem Boden saß ein Sprinter, der bald die 4-mal-100-Meter-Staffel laufen würde und Dehnübungen machte. Mo unterhielt sich mit ihm. Dieses zarte Profil, wie eine Antilope. Dann lachten sie miteinander. Meine Knie wurden weich. Am liebsten wäre ich zu ihm hingerannt, um ihm zu sagen, wer ich war, und von dem verblichenen Foto zu erzählen, das seit fast zehn Jahren über meiner Matratze hing. Aber ich zögerte zu lange – Duran packte mich am Ellenbogen und führte mich nach drinnen. Wir wurden aufgerufen, uns in die Umkleiden zu begeben.

»Na los, du bist gleich dran, Samia«, war alles, was er sagte, und er weckte mich damit aus meinem Tagtraum.

Ich hatte dreißig Minuten Zeit, um mich auf den Wettkampf einzustimmen, um Mo Farah aus meinem Kopf zu vertreiben und mich nur auf den Lauf zu konzentrieren. Ich war allein. In der Mitte der Umkleide stand eine Massageliege. Ich legte mich darauf, schloss die Augen und stellte mir vor, ich läge auf dem Gras im Stadion von Mogadischu. Ich versuchte, alle Anspannung loszulassen. Nach einer Sekunde, so kam es mir vor, klopfte es plötzlich sachte an die Tür. Es war Duran, es war so weit.

Die Wand des Tunnels, der ins Stadion führte, war komplett mit Spiegeln verkleidet. Ich konnte es unmöglich übersehen. Meine Beine waren zwei dürre Zweiglein. Ich hatte überhaupt keine Muskeln. Meine Gegnerinnen waren gegen mich richtige Muskelpakete. Mit dicken Oberschenkeln und Waden, einem definierten Oberkörper. Sie schienen vor Kraft zu strotzen. Und ich sah aus wie ein Hungerhaken.

Mir fehlten nicht nur die Geräte, um Muskeln aufzubauen, ich hatte nicht mal einen Trainer. Und ich hatte nicht genug zu essen, nur das, was Hooyo besorgen konnte. Angero und Wasser. Oder Reis und gekochten Kohl.

Ich war die Kleinste, die Dünnste und die Jüngste. Der gnadenlose Spiegel machte es mir bewusst. Außerdem hatten die anderen wunderschöne, schillernde Trikots in ihren Nationalfarben. Hemden und Shorts aus speziellen Materialien, die sich eng an ihre prächtigen Körper schmiegten. Ich trug wie immer meine Glücksbringer. Ein weißes T-Shirt, das Hooyo vergangene Woche gewaschen hatte und das ich in meiner Tasche gehütet hatte wie einen Schatz. Es duftete nach Kernseife. Meine schwarze Laufhose, die mir bis unters Knie reichte. Das Stirnband von Aabe, das ich immer trug, bei jedem Lauf, bis zu jenem Tag.

Keine der anderen beachtete mich. Alle waren völlig konzentriert. Und das hätte ich auch sein müssen, aber alles war vollkommen anders, als ich es kannte. So unwirklich wie ein Traum. Die Fernsehkameras, die Journalisten, die voll besetzten Tribünen, das anhaltende dumpfe Dröhnen – man musste sich gegenseitig ins Ohr schreien, so laut war es –, die Athletinnen aus der ganzen Welt, der Geruch ihrer Deodorants, alles direkt vor meiner Nase. Veronica Campbell-Brown. Es war einfach alles unglaublich.

Ich musste wieder an Mo Farah denken, meinen Landsmann, wie er selbstbewusst mitten im Stadion stand und mit einem anderen weißen Sportler auf Englisch scherzte und ihn aufmunterte. Das Gegenteil von mir. Aber das war auch kein Kunststück: Er war schon mit neun Jahren nach England gekommen, mit seiner ganzen Familie. Ich war siebzehn und hatte erst zum zweiten Mal einen Fuß auf fremden Boden gesetzt, das erste Mal meinen Kontinent verlassen. Das erste Mal war ich unter so vielen Weißen, so vielen Europäern, Amerikanern, Chinesen. Und ich hatte großes Glück gehabt.

Einen kurzen Moment hatte ich wieder Mos Gesicht vor Augen, entspannt, heiter, sicher. Vielleicht hatte er einen dermaßen großen Vorsprung, dass ich ihn nie einholen würde. Nein, Blödsinn. Ich würde es genauso weit bringen wie er.

Nach fünf endlosen Minuten wurden wir aufgerufen und gingen hinaus, wo uns tosender Applaus empfing, alles für Campbell-Brown. Die Luftfeuchtigkeit war so hoch, dass die Luft über dem Tartan flimmerte. Es war die gleiche Strecke wie immer. Kein Meter mehr. Aber auf mich wirkte sie viel länger. Doppelt so lang, endlos.

Ich ging an Veronica Campbell-Brown vorbei: eine perfekte Schönheit, stolz wie eine Statue, duftend wie eine Diva. Was sie wohl für ein Parfüm benutzte? In den klaren Formen ihrer Beine schien ihre ganze Kraft zu wohnen.

Ich lief auf der zweiten Bahn, ganz innen. Die erste Bahn war leer. Rechts von mir startete Sheniqua Ferguson von den Bahamas, die als sehr vielversprechend galt. Auf der vierten Bahn die Kanadierin Adrienne Power, auch sie sehr stark.

In diesen endlosen Sekunden versuchte ich zu tun, was ich tun musste: die Gedanken vertreiben, die von mir Besitz zu nehmen drohten. Ich ging in die Hocke.

Ich positionierte meine Füße auf den Blöcken, erst rechts, dann links, und tat so, als wäre ich allein, im Koonis-Stadion, beim Training mit Abdi. Oder wie früher im Hof mit Alì, der meine Füße auf den Blöcken aus Aabes Obstkisten kontrollierte.

Dann gab es nur noch mich und die 200-Meter-Bahn vor mir.

Auf Knien positionierte ich die Finger ordentlich auf der Startlinie, wie Alì es mir beigebracht hatte. Eins. Zwei. Drei. Vier. Fünf. Sechs. Sieben. Acht. Neun. Zehn. Jeder Finger eine Zahl, so konzentrierte ich mich in der Wartezeit. Einen Gedanken an Aabe, als Glücksbringer. Dann wartete ich, wie in einer Blase aus Unendlichkeit, nur noch auf den Startschuss.

Peng.

Die Pistole. Das Tosen der Menge.

Die anderen starteten wie Gazellen, wie Libellen, wie Kolibris.

Rasend schnell. Ich bekam kaum mit, dass sie die Blöcke verlassen hatten. Vom ersten Moment an wusste ich, dass ich das Rennen verlieren würde. Mit jedem Hechtschritt fiel ich weiter zurück. Die Distanz war unaufholbar. Die Gegnerinnen zerschnitten die Luft, von hinten sahen sie aus wie galoppierende Fohlen im Wind. Ich lief weiter. Hob den Kopf und gab alles.

Während die anderen schon hinter der Ziellinie nach Luft rangen, war ich noch in der Kurve. Die zweite Hälfte der Strecke lief ich allein, aber auf den letzten fünfzig Metern geschah etwas Unerwartetes. Ein Teil der Zuschauer sprang auf und fing an zu klatschen. Synchron. Sie feuerten mich an, riefen meinen Namen, machten mir Mut. Wie bei meinem ersten Sieg im Koonis-Stadion. Nur war der Lärm dieses Mal ohrenbetäubend.

Mir wäre es lieber gewesen, sie hätten es nicht getan. Sie hätten nicht bemerkt, wie unterlegen ich war. Ich ging fast zehn Sekunden nach Veronica Campbell-Brown, der Ersten, durchs Ziel.

Zehn Sekunden. Eine Ewigkeit. Ich schämte mich nicht. Dafür erfüllte mich großer Stolz auf mein Land. Ganz plötzlich, kaum dass ich einen Fuß über die Ziellinie gesetzt hatte. Die Leute applaudierten weiter, während Campbell-Brown ihnen zuwinkte und, umgeben von einem Schwarm Journalisten, ein Interview nach dem nächsten gab.

Schweigend drehte ich eine Ehrenrunde, die somalische Flagge um den Hals. Ohne großen Wirbel, vermutlich bemerkte es überhaupt keiner. Während ich lief, suchte ich Mo Farah mit den Augen. Er war nicht auf dem Platz. Ich guckte genauer. Nichts. Wahrscheinlich war er irgendwo in den endlosen Windungen des Olympiastadions verschwunden.

Alles vorbei. Jetzt war wirklich alles vorbei.

Genauso schnell, wie alles gekommen war, lag es jetzt schon hinter mir.

Ich war Letzte geworden, aber es dauerte keine zehn Minuten, und auch ich war umzingelt von Journalisten aus aller Welt. Die spindeldürre Siebzehnjährige aus dem Land im Bürgerkrieg, ohne Trainer und ohne Ort zum Trainieren, die mit aller Kraft gekämpft hatte und Letzte geworden war. Eine perfekte Story für westliche Gemüter, das lernte ich an diesem Tag. Das wäre mir vorher nie in den Sinn gekommen.

Ich war damit nicht zufrieden. Mir wäre es lieber gewesen, die Leute hätten wegen meines Sieges applaudiert, nicht weil ich verloren hatte, und das erklärte ich den Journalisten auch. Aber ich erntete nur ein mildes, mitleidiges Lächeln.

Ich würde es ihnen schon noch zeigen.

Unter der eiskalten Dusche schwor ich mir, dass ich in vier Jahren bei den Olympischen Spielen in London so gut vorbereitet antreten würde wie Campbell-Brown. Mit richtigen Muskeln und einem Herzen, das so groß und stark war wie das eines Stiers.

2012 würde ich gewinnen.

Für mein Land und für mich.

20

Nach meiner Rückkehr bekam ich zahllose Briefe von muslimischen Frauen. Hunderte von Briefen. Sie kamen nach Hause oder zum Olympischen Komitee. Jede Woche neue. Die meisten mit Tinte geschrieben, einige mit der Schreibmaschine. Ohne es beabsichtigt zu haben, war ich für Tausende von Frauen, die mich auf der ganzen Welt unverschleiert im Fernsehen hatten laufen sehen, zum Idol geworden. Die Briefe aus den Arabischen Emiraten, Saudi-Arabien, Afghanistan und dem Iran waren voller Leidenschaft, voller Hoffnungen, Träume, Vertrauen. Ich war zu einem Symbol für die Frauen der arabischen Welt geworden.

Aber genau das war auch der Grund, weshalb das Leben noch schwieriger für mich wurde. Das Laufen auf offener Straße war jetzt noch problematischer. Es ging das Gerücht, dass die Al-Shabaab-Milizen mich hassten. Nicht nur mich, sondern auch Abdi, aber ich war eine Frau und deshalb doppelt so bedrohlich. Das Land, das ich vor den Fernsehkameras der ganzen Welt ohne Verschleierung vertreten hatte, zwang mich, mein Gesicht unter einer Burka zu verbergen.

Wenigstens hatte ich Hodan, die mich glücklich machte, auch wenn sie weit weg war. Wir sprachen fast jeden Abend miteinander, und oft nahm ich auch Hooyo mit in Taageeres Bar. Hodan hatte sich zwischenzeitlich eine kleine

Webcam besorgt und zeigte uns Mannaar über Skype, wir konnten sogar ihr Gebrabbel hören. Es stimmte, was Hodan und Hooyo sagten: Wir glichen einander wie ein Ei dem anderen. Sie sah genauso aus wie ich als Baby. Hodan lachte und sagte, sie solle auch Athletin werden, genau wie ihre Tante.

Ich trainierte weiter jeden Tag mit Abdi. Die Wochen vergingen, und es wurde uns klar, dass wir so nie besser werden würden. Wir brauchten Unterstützung, einen Trainer, vernünftige Ernährung, einen echten Sportplatz ohne Löcher, wir brauchten Geräte. In Mogadischu gab es das alles nicht; jeden Tag, jede Stunde wurde alles immer nur schwieriger. Trotzdem trainierten wir weiter. Ein ganzes Jahr lang schwitzten wir, um unsere Zeiten zu verbessern, jede freie Minute. Aber wir wurden kaum besser, jedenfalls nicht so schnell, wie wir es wollten, was auch an unserem Alter lag. Wir nahmen an Läufen in Somalia und in Dschibuti teil, und wir gewannen auch, aber das reichte nicht.

Es musste sich etwas ändern.

Wenn ich im Bett lag, betete ich zu Mo Farah, mir einen Weg zu zeigen. Wo immer er jetzt war und was immer er machte.

Wir versuchten, in Mogadischu einen Trainer zu finden, aber es schien sich niemand für uns zu interessieren. In einem Land, in dem geschossen wird, spielt Leichtathletik keine Rolle. Die Kriegsherren hatten keinen Grund, uns zu unterstützen, und die von Al Shabaab wollten uns tot sehen, genau wie meinen Vater und die Mutter von Abdi. Nicht einmal das Olympische Komitee hatte genug Kraft, sich um uns zu kümmern.

Wir waren Verrückte, die ihren Wahnsinn kultivierten. Der Traum vom Frieden, die Hoffnung, als Brüder und Schwestern zusammenzuleben, nichts als Wahnsinn war das.

Am Ende wurden meine verrückten Gebete an Mo Farah erhört, wenn auch auf andere Weise als erwartet. Ich lernte eine amerikanische Journalistin kennen, die häufig nach Mogadischu kam, um über den Sport in Ostafrika zu berichten. Ihr Name war Teresa Krug. Sie hatte mich eines Morgens im Koonis-Stadion besucht, ein Interview mit mir geführt und war mir sofort sympathisch gewesen. Wir sind so etwas wie Freundinnen geworden. Sie besuchte mich oft, ungefähr einmal die Woche. Ich erzählte ihr, so viel ich konnte. Ich war nämlich genauso scheu und introvertiert wie meine Hooyo und redete nicht gern über private Dinge. Unsere Familie. Die Armut. Meinen Vater. Meine Freunde. Meine Geschwister. Die Reise meiner Schwester. Das mochte ich nicht, ich wollte nur über das Laufen reden.

Wann immer wir uns trafen sagte Teresa, ich hätte Talent und müsse weggehen. Sie kannte einen Trainer in Äthiopien, in Addis Abeba. Einmal fragte sie mich, ob ich nicht Lust hätte, ihn kennenzulernen. Sie hatte ihm schon von mir erzählt. Er hatte mich in Peking gesehen und war davon überzeugt, dass ich meine Technik stark verbessern konnte. Je öfter sie es wiederholte, desto länger dachte ich darüber nach. Wenn ich meinen Traum weiterverfolgen wollte, gab es wahrscheinlich keinen anderen Weg. Wenn ich blieb, würde ich bald eingehen. Aber ich hatte mir und Aabe ein Versprechen gegeben, und das wollte ich nicht brechen.

Dabei wollte ich doch nichts weiter als einen Coach, einen Ort, an dem ich trainieren konnte wie alle anderen Athleten auf der Welt, eine Ernährung, die meinen Bedürfnissen entsprach, eine gute Ausstattung. Die wahre Freude wäre das gewesen.

Teresa versuchte es immer wieder, und ich lehnte immer ab. Sie hätte mir auch bei der Ausreise geholfen, bei der Besorgung der Papiere. Aber ich blieb unerschütterlich: Ich würde meine Hooyo, meine Geschwister und mein Land nicht verlassen, um nichts in der Welt. Ich würde eines Tages die Olympischen Spiele gewinnen – und das als somalische Muslimin. Mit unverschleiertem Gesicht, die Augen in den Himmel gerichtet. In alle Fernsehkameras würde ich hineinsprechen und der ganzen Welt erklären, was es hieß, mittellos für die Befreiung zu kämpfen.

21

Eines Abends nach dem Essen war ich wieder einmal ins Koonis-Stadion gelaufen. Das tat ich ab und zu noch, wenn auch nicht mehr, um zu trainieren. Ich wollte das Gras unter meinem Rücken spüren, die Sterne betrachten, tun, was ich auch am Strand tun würde, wo es aber verboten war: mich ausruhen, mich in der Weite des Himmels verlieren, die Gedanken fliegen lassen.

Als ich zurückkam, waren Hooyo und meine Geschwister schon im Bett, der Hof lag leer und still da. Nur der Eukalyptusbaum überragte alles, ganz selbstvergessen. Kein Windhauch bewegte die schmalen Blätter.

Da bemerkte ich ein kleines Paket auf dem Boden, mitten im Hof. Ich ging näher heran. Es war ein weißer Hidschab, der an den vier Enden zu einem Beutel verknotet war. Merkwürdig. Hooyo ließ nie etwas draußen liegen. Ich öffnete ihn, und es verschlug mir die Sprache.

Ein Batzen Geldscheine.

Ich versuchte sie rasch zu zählen. Etwa eine Million Schilling. Ein Haufen Geld. Davon konnte eine Familie bequem zwei Jahre leben. Zweimal in der Woche Fleisch essen. Ein Vermögen.

Wer konnte …?

Da hörte ich ein dumpfes Geräusch aus Alìs und Yassins ehemaligem Zimmer. Es stand seit Jahren leer, aber mir kam es vor wie Jahrhunderte. Als Aabe noch lebte, hatten er und Said es kurzzeitig als Lager genutzt, dann kümmerte sich niemand mehr darum. Ich hatte es schon seit Ewigkeiten nicht mehr betreten. Seit die Familie weggegangen war, tat ich so, als gäbe es das Zimmer nicht mehr, als hätte es nie existiert. Die Erinnerung an all die Stunden, die ich mit Alì dort verbracht hatte, hätte mich todtraurig gemacht.

Da war es wieder, das Geräusch. Eine Katze vermutlich, oder eine Maus. Seltsam, ich hatte vorher noch nie etwas aus dem Zimmer gehört.

Vorsichtig schlich ich mich an. Nichts, kein Mucks mehr. Ich öffnete die Tür und blieb auf der Schwelle stehen. Alles finster, es fiel kaum Mondlicht ins Zimmer, die Luft roch abgestanden, feucht und staubig. Langsam gewöhnten sich meine Augen an die Dunkelheit. Überall standen Kartons von Aabe und Said herum, dazwischen ein paar Werkzeuge und gestapelte Obstkisten von Hooyo. Das meiste davon direkt vorm Eingang, der hintere Bereich des Zimmers, wo meiner Erinnerung nach die Matratzen von Alìs Familie lagen, war nicht zu erkennen.

Wieder das Geräusch, lauter jetzt. Es musste eine Maus sein. Ich ging ein paar Schritte hinein.

Dann sah ich etwas.

Auf einer Matratze an der hintersten Wand saß im Schneidersitz ein Schatten. Mir entfuhr ein erstickter Schrei. Ich wich zurück, stieß dabei gegen einen großen Karton, verlor das Gleichgewicht und fiel hin. Ruckartig stand ich sofort wieder auf – da erklang eine Stimme.

»Samia.«

Ein Mann, vielleicht ein Junge, ich kannte die Stimme nicht.

»Samia, ich bin's, erkennst du mich nicht?«

Ich kniff die Augen zusammen und betrachtete den Schatten genauer. Er hatte langes Haar, sein Kinn und seine Wangen bedeckte ein ungepflegter, zerrupfter Bart.

Ein Kälteschauer lief mir den Rücken hinunter. Mir stockte der Atem.

»Ich bin's, Alì.«

Ich trat näher. Konnte dieser bärtige Mann tatsächlich Alì sein? War dieses ausgemergelte Gesicht wirklich seins?

Ich machte einen weiteren Schritt auf ihn zu und berührte mit dem Fuß die Matratze. Es waren die Augen meines besten Freundes, aber sie waren hinter einem Schild aus Härte verborgen.

Ich kniete mich auf die Matratze und hatte sofort das Bedürfnis, ihn zu berühren. Zuerst wich er zurück, dann ließ er es zu. Wir schlossen einander in die Arme, so fest wie noch nie zuvor in unserem Leben. Auf dieser staubigen Matratze, in einem Raum voller Spinnweben und Feuchtigkeit.

»Bist du zurückgekommen?«, fragte ich.

Ich musste an den Abend denken, an dem Aabe mir ein Paar Turnschuhe geschenkt hatte und ich genau in dieses Zimmer gekommen war, um sie meinem Freund zu zeigen. So viele Jahre waren vergangen. Alì hatte auf der Matratze gelegen und das Gesicht in der Armbeuge vergraben. So klein war er damals. Ein Kind noch.

»Nein, ich muss wieder fort«, antwortete er.

Seine Stimme klang fremd. Nur seine kleinen, eng stehenden Augen und die flache Nase hatten sich kaum verändert. Die Lippen waren von schwarzem Flaum umgeben, ich konnte sie kaum sehen.

»Was heißt das, du musst fort? Du bist doch gerade erst wiedergekommen.«

»Ich war schon viel zu lange hier, wir hätten uns gar nicht begegnen dürfen.« Seine Stimme klang hart.

»Warum bist du nach Hause gekommen?«

»Ich wollte euch den Hidschab hierlassen …«

Stille.

Dann brach er in Tränen aus und erzählte die ganze Geschichte.

Als sein Bruder Nassir seinem Freund Ahmed gefolgt und zu den Al-Shabaab-Milizen gegangen war, hatte Aabe Yassin ihn aus dem Haus geworfen. Er hatte die Befürchtung, Alì würde es seinem großen Bruder gleichtun, also waren sie weggezogen, weit weg, in den Süden, nach Jazeera, das kleine Dorf, in dem Yassin und Aabe auf die Welt gekommen und aufgewachsen waren. Dort, so hoffte sein Vater, könne er ihn von den Extremisten fernhalten. Aber er hatte sich getäuscht, denn Ahmed und Nassir hatten Alì schon vor der Abreise dem Führungskomitee von Al Shabaab vorgestellt. Das war der Grund, weshalb Ahmed auf der Suche nach ihm war, damals, als er mir in der Gasse aufgelauert hatte.

Es war eine schwere Zeit für ihn gewesen: Sollte er dem Bruder folgen oder auf den Vater hören? Schließlich war er eingeknickt. Kurz nach dem Umzug nach Jazeera hatte er Yassins Haus verlassen, um Nassir zu folgen. Zum ersten Mal in seinem Leben fühlte er sich wertgeschätzt, besuchte eine Schule, lernte schreiben, bekam eine würdige Unterkunft mit einem Bad und drei Mahlzeiten am Tag.

»Als ich klein war, konnte ich nicht mal lesen, erinnerst du dich?«, fragte er mit dieser harten Stimme. »Das habe ich erst ganz spät gelernt. Wegen dir und dem Laufen. Mit den alten Handbüchern aus der Bibliothek.«

Ich konnte nicht antworten, meine Kehle war wie zugeschnürt. Ich nickte nur und streichelte seinen Arm.

»Von dem Tag an, an dem ich meinem Bruder gefolgt bin, habe ich alles erreicht. Alles, was ich vorher nie hatte, was ich nie sein konnte.«

Ich drückte seine Hand und forderte ihn auf weiterzureden.

Zwar hatte Yassin ihn und seinen Bruder verstoßen und hasste sie beide, aber dafür konnten sie nun ein Leben führen, das sie sich sonst nie hätten leisten können. Ausbildung, saubere Klamotten, ein voller Bauch.

Egal ob Koranstudium, Waffengebrauch oder Kriegsstrategie – Alì gehörte sofort zu den Besten. Schnell hatte er Nassir und sogar Ahmed abgehängt, die mittlerweile in einem Trainingslager vor der Küste Kenias auf dem Lamu-Archipel untergebracht waren. Und so war es Alì in seinem jungen Alter gelungen, das Vertrauen von Ayro zu gewinnen, dem Anführer von Al Shabaab.

Alì stockte, er konnte nicht mehr weitersprechen. Tränen liefen aus seinen Augen, die so kalt und leer waren, dass ich mich fürchtete. Aber seine Schluchzer flehten darum, gehört zu werden, flehten um Vergebung.

»Sprich weiter, Alì, ich höre dir zu«, sagte ich, nachdem ich meinen eigenen Kloß im Hals hinuntergeschluckt hatte. Ich streichelte sein Gesicht.

»Ich musste etwas Schreckliches tun … etwas, das ich nie hätte …«, wieder musste er innehalten, sein Schluchzen unterdrücken. Der Rotz lief ihm aus den kleinen Nasenlöchern, er sah wieder aus wie der kleine Junge, der mir so vertraut gewesen war. Ich hielt ihn fest an den Händen und beschwor ihn, sich zu beruhigen.

Meine Augen hatten sich jetzt an das Halbdunkel gewöhnt, und ich konnte seine Gesichtszüge und den edlen Stoff seiner Kleidung besser erkennen. Um uns herum waren nur Stille und ein strenger Modergeruch.

Alì holte tief Luft, wischte die Tränen ab und sprach weiter.

Hodan und ich waren bei den Islamisten bekannt gewesen, sie nannten uns »die beiden kleinen Subversiven«. Von unserem Vater und seiner Unbeugsamkeit gegenüber den islamistischen Kriegsherren wussten sie auch. Sie wussten, dass Alì und ich gemeinsam aufgewachsen waren, im selben Haus. Nach meinem Sieg in Hargeisa hatte Ayro sich in den Kopf gesetzt, mir eine Lektion zu erteilen. Er wollte mir die Lust am Laufen gründlich verderben.

Sie wollten Aabe aus dem Weg schaffen.

Ayro forderte Alì auf, dem Todesschützen zu zeigen, wer Aabe war. Er hatte keine Wahl. Es gab nichts Grausameres und Unmenschlicheres für ihn, es war, als lieferte er seinen eigenen Vater ans Messer. Doch wenn er sich geweigert hätte, wären noch viel mehr Menschen ums Leben gekommen. Weil er Aabe kannte, konnte man gezielt nur ihn umbringen.

Und so mischte er sich an jenem Morgen in Bakara unter die Leute und hielt sich eine Weile in Aabes Nähe auf. Er nahm seinen Geruch wahr, an den er sich nur zu gut erinnerte, denn Hooyo hatte jahrelang auch für seine Familie gewaschen.

Alìs Blick gefror. Er verstummte.

Ich war wie versteinert. Vielleicht schrie ich auch oder weinte. Die Worte waren zwar in meine Ohren gedrungen, aber sie erreichten nicht mein Gehirn. Sie waren stecken geblieben und warteten darauf, dass ein Schütteln sie wieder in Gang brachte. Die Zeit stand still.

Irgendwann erhob Alì sich und sagte, das Geld sei alles, was er in diesen Jahren verdient habe. Wir sollten es behalten. Mit einem bitteren Lächeln fügte er hinzu, dass er das Gleiche tue wie sein Vater, der damals Aabe mit Geld dafür entschädigen wollte, dass dieser an seiner Stelle verletzt worden sei. Er konnte damit nichts wiedergutmachen, das wusste er, aber es war das Einzige, was er tun konnte.

»Ich habe es bereut, Samia. Ich bin nicht mehr bei Al Shabaab.«

Ich sagte keinen Ton.

»Verzeih mir, wenn du kannst … Abaayo.«

Bevor er sich zur Tür umdrehte, berührte er leicht meine Schulter.

»Du schaffst es zu den nächsten Olympischen Spielen nach London, Samia, du wirst schon sehen.«

Es waren die letzten Worte, die ich je von ihm hörte.

Dann ging er. Seine breiten Schultern zeichneten sich scharf gegen das Mondlicht ab.

Ich blieb reglos sitzen. Tränen rannen mir übers Gesicht, und tausend Fragen bohrten sich wie Nadeln in meinen Kopf. Wie hatte er das nur tun können? Wie hatte er vergessen können, wie oft Aabe für ihn da gewesen war, während Yassin sich um seine anderen Söhne kümmern musste? Wie hatte er die zahllosen Male vergessen können, die Hooyo ihn gewaschen, angezogen, für ihn gekocht hatte? Tausende Bilder aus unserer Kindheit schwirrten mir durch den Kopf.

Meine ganze Welt war mit einem Mal untergegangen. Mein Land hatte meinen Bruder, meine Zwillingsseele, zum Mörder meines Vaters gemacht. Was konnte ich diesem Land schon bedeuten?

Aabe war Somalia gewesen. Und Somalia war tot, ermordet von meinem Bruder.

Ich verschwendete meine Zeit. Ich hatte schon genug Jahre und Talent an ein Land vergeudet, das mich nicht wollte und das keine Gelegenheit ausließ, mich daran zu erinnern. Das mich jeden Tag zwang, in Scham und Schweiß zu vergehen und die schlimmsten Erniedrigungen zu ertragen, auf offener Straße, überall. Seit Jahren schon war ich erschöpft, aber ich hatte es nie zugeben wollen. Hodan hatte recht gehabt. Ich würde es genauso machen wie sie. Ich würde es genauso machen wie Mo Farah.

Am nächsten Morgen bat ich Said, mir sein Telefon zu leihen. Ich rief Teresa in den USA an und sagte ihr, dass ich mit ihr kommen würde. Hooyo würde es schon verstehen, meine Geschwister würden sich damit abfinden.

»Ich komme mit nach Addis Abeba, ich habe mich entschieden«, sagte ich zu ihr.

22

Hodan freute sich über meine Entscheidung. Endlich hatte ich den Mut gefunden, wegzugehen und wirklich meinen Traum zu verfolgen. Sie lebte mit ihrer Familie mittlerweile in Helsinki, wo sie von der Regierung bald eine Wohnung und monatliche Unterstützung bekommen würden.

Mannaar war mein ganzes Glück. Sie war jetzt eineinhalb und ähnelte mir weiterhin sehr. Lang und rappeldünn, wache, freche Augen. Hodan wollte sie in einem Leichtathletik-Verein anmelden, sobald sie zwei war, und das schien dort oben auch nichts Ungewöhnliches.

Von Alìs Geld wollte ich keinen Schilling. Zusammen mit Hooyo beschloss ich, dass sie eine Hälfte behalten und die andere an Hodan gehen sollte, für Mannaar, damit sie keinen einzigen Tag verloren. Es würde sich bald zeigen, ob Mannaar wirklich Talent hatte, und sie sollte unter den besten Bedingungen anfangen zu trainieren. Dann hätte sie vielleicht bei ihrem ersten Wettkampf schon einen Körper wie Veronica Campbell-Brown. Sie würde öfter gewinnen als ich und viel früher.

Während ich auf meine Auswanderungspapiere wartete, was mir endlos vorkam, empfand ich maßlose Zärtlichkeit für alle, die mir nahe waren: meine Brüder, meine Schwestern, meine Hooyo. Aber auch für alle vertrauten Orte. Selbst vor Abdi brach ich in der Trainingspause einmal in Tränen aus. Wir saßen mitten auf dem Platz, und ich spürte, wie sehr ich ihn und das Koonis-Stadion vermissen würde.

»Eine Bahn voller Einschusslöcher? Meinst du wirklich, das wird dir fehlen?«, fragte er, band sich die Schuhe und bereitete sich auf den nächsten Sprint vor.

Er hatte ja recht. Aber trotzdem wusste ich, dass ich alles vermissen würde, und versuchte mir so viel einzuprägen wie möglich, schließlich konnte man nie wissen, wozu es gut war.

Mit Taageere erging es mir nicht besser. Er bestand darauf, dass ich noch ein Glas Shaat mit ihm trank.

»Bald bist du ja weg«, sagte er.

Und wieder flossen Tränen.

»Nicht weinen, Champion«, sagte er und goss mir etwas Milch in den Tee.

Der gute alte Taageere, in sein Gesicht hatten sich tiefe Falten eingegraben, es sah aus wie eine von diesen Masken, die Iblis, den Dämon, darstellen. Aber Taageere hatte gutmütige Augen, die leicht nach unten gezogen waren und ihm immer einen zärtlichen Ausdruck verliehen.

»Wenn du erst mal weg bist, wirst du uns alle ganz schnell vergessen. Und wenn du wiederkommst, bist du bestimmt so berühmt, dass du gar keine mehr Zeit mehr hast, mal bei mir vorbeizukommen«, sagte er und nahm den Löffel aus dem Tee. »Aber dann komm ich dich holen, höchstpersönlich, und dann musst du mir alles erzählen. Ob du willst oder nicht. Verlass dich drauf.«

Ich war froh, dass ich mich an seiner Schulter ausweinen konnte und etwas von der Anspannung loswurde, die mir den Magen zuschnürte. Er umarmte mich und wechselte das Thema, ganz behutsam, wie es seine Art war.

Erst sechs Monate später waren meine Papiere fertig, und ich konnte abreisen.

Teresa überwachte die Prozedur aus der Ferne, und als es so weit war, kam sie nach Mogadischu. Sie war eine feste Bezugsperson für mich geworden. Obwohl sie erst sechsundzwanzig war, hatte sie schon in vielen verschiedenen Ländern gelebt und wusste, worauf es ankam. Ich hatte beschlossen, ihr zu vertrauen und keinen Widerstand mehr zu leisten. Sie war mein Passierschein in die Freiheit.

Anders als bei Hodan, die alle mit ihrer Abreise überrascht hatte, dauerte mein Abschied einen ganzen Tag. Ich bin bald wieder da, sagte ich, Äthiopien ist gar nicht so weit weg. Ich muss nur mehr internationale Läufe gewinnen, dann habe ich genug Geld, um so oft hin- und herzufahren, wie ich will.

Ich nahm nur das Nötigste mit: meine Laufklamotten, den Trainingsanzug, das Stirnband von Aabe, ein paar Schilling. Und das Foto von Mo Farah, das ich nach zehn Jahren von der Wand genommen hatte. Es war ganz brüchig geworden, gar kein richtiges Papier mehr. Ein Bild und ein Traum, gedruckt auf den Flügeln eines Schmetterlings. Die zwei Medaillen aus Hargeisa ließ ich hängen, der Nagel war von der Feuchtigkeit schon ganz verrostet. Hooyo gab mir, wie zuvor Hodan, ein Taschentuch mit einer von den Muscheln, die Aabe ihr vor so vielen Jahren geschenkt hatte. Ich sollte es immer tragen, es würde mich beschützen. Sie faltete es zu einem schmalen Band und befestigte es mit zwei Knoten an meinem Handgelenk. Versteckt zwischen den vielen Falten war die kleine Muschel gar nicht zu sehen.

»Dann ist dein geliebtes Meer immer bei dir«, sagte sie. »Das ganze Meer in einer Muschel.«

Teresa wartete geduldig im Taxi, bis ich mich von Hooyo lösen konnte. Der Trennungsschmerz war einfach stärker als ich, es fiel mir unglaublich schwer, sie zu verlassen. Aber dann ballte ich die Fäuste, gab ihr einen letzten Kuss und ging meinem neuen Schicksal entgegen wie ein Soldat oder ein Krieger, der in den Kampf zieht.

Wir würden ein Flugzeug nehmen und nach zwei Stunden landen, um zwei Uhr nachmittags. Zum zweiten Mal wurde ich mit einem Auto zum Flughafen gebracht, aber dieses Mal fühlte ich mich ganz anders. Ich brauchte nicht mal ein Schlafmittel für den Flug. Ich war so traurig, dass ich vor nichts Angst hatte. Angst ist ein Luxus, den man sich nur im Glück leisten kann.

23

Während des Flugs redeten wir ununterbrochen. Teresa sagte, ich solle mich auf die Zukunft konzentrieren und alles, was meine Karriere gebremst habe, hinter mir lassen. Das sei sicher nicht einfach, aber ich würde es schaffen. Immerhin hätten meine Beine mich bis zu den Olympischen Spielen getragen, dann könne auch das nicht so schwer sein.

Am Flughafen von Addis Abeba erwartete uns Eshetu Tura persönlich. In seiner Jugend war er selbst Athlet gewesen und trainierte jetzt junge Talente. Er würde mein Coach sein. Er war groß und durchtrainiert, seine breiten Schultern passten gar nicht zu seinen grauen Schläfen und den Fältchen in seinem Gesicht. Ich hatte ihn mir anders vorgestellt, jünger irgendwie, aber er war sehr elegant, seine Art, sich zu kleiden, sich zu bewegen. Mit seiner Höflichkeit und seinen guten Umgangsformen gewann er sofort mein Vertrauen.

»Willkommen in Addis Abeba, Samia«, begrüßte er mich auf Englisch und streckte mir die Hand entgegen.

»Vielen Dank, Herr …«, zögerte ich, während ich seine Hand drückte. Ich wusste nicht, wie ich ihn ansprechen sollte.

»Coach. Nenn mich einfach nur Coach. Dann sehen wir weiter.«

Er schenkte mir ein breites Lächeln, und schon fühlte ich mich sicherer. Dann griff er nach meiner Tasche, die ich auf dem Boden abgestellt hatte, und hängte sie sich über die Schulter. Teresa hatte nur Handgepäck dabei, sie konnte nur wenige Tage bleiben.

»Gehen wir. Das Taxi wartet.«

Addis Abeba war viel größer und viel moderner als Mogadischu. Die Gebäude waren alle unversehrt, weder bröckelte der Putz von den Fassaden, noch fielen die Balkons ab. Es kam mir vor wie ein Wunder. Ich ließ das Fenster herunter und genoss die neue Luft draußen. Ich musste diesen Lufthauch im Gesicht spüren, um zu begreifen, dass sich alles ändern würde. Alles hier roch anders, auch wenn die Landschaft unserer ähnelte.

»Irgendwie duftet die Luft hier«, sagte ich zu Teresa, die neben mir auf dem Rücksitz saß.

»Sie duftet nicht, Samia. Sie riecht ganz normal. Es stinkt bloß nicht nach Schießpulver.«

Das war mir noch nie aufgefallen. Das Schießpulver war vor mir auf die Welt gekommen, mit meinem großen Bruder, dem Krieg, und für mich gab es gar keinen Unterschied zwischen dem Gestank und der Luft. Jetzt atmete ich Luft, wie sie sein sollte, und allein das veränderte mich.

Das Taxi setzte Teresa und mich am Hotel ab, wo ich vorübergehend wohnen sollte, bis ich mein neues Quartier beziehen konnte. Wir verabschiedeten uns von Eshetu.

Nach wenigen Tagen schon reiste Teresa zurück in die USA. Erneut ein Abschied von einem wichtigen Menschen. Mit ihr zerriss die Verbindung zu meiner Stadt. Wir waren Freundinnen geworden und hatten einander liebgewonnen. Wir gingen auseinander wie Schwestern.

»Bis bald, Abaayo«, sagte ich auf der Türschwelle des Hotels, das ich noch am selben Tag verlassen würde.

»Bald sehen wir uns wieder, Samia. Spätestens wenn du zu einem wichtigen Wettkampf in die USA kommst«, antwortete sie mit Tränen in den Augen, bevor sie die Tür schloss.

Und dann war ich allein.

Allein mit meiner Lust zu laufen.

Teresa hatte mithilfe eines befreundeten Journalisten, der häufig nach Addis Abeba kam, ein kleines Appartement in der Nähe des Sportplatzes organisiert. Dort würde ich zusammen mit elf jungen Frauen wohnen. Viel Platz hatten wir nicht, aber es war nicht sehr teuer. Gerade so, dass ich es mir leisten konnte. Es sollte mein neues Zuhause werden.

In dem Appartement gab es neben der Küche und dem Badezimmer nur noch zwei Zimmer. Sehr wenig für zwölf Personen, trotzdem hatte ich noch nie so viel Komfort gehabt.

Mit zwei Frauen aus Äthiopien schloss ich vom ersten Augenblick an Freundschaft. Amina und Yenee waren so alt wie ich und arbeiteten, genauso wie unsere anderen Mitbewohnerinnen, auf dem Feld in der Nähe der Stadt. Das Haus, in dem unser Appartement lag, gehörte dem Besitzer des Feldes.

Sie wurden nur tageweise beschäftigt und arbeiteten in zwei Schichten, vormittags und nachmittags. Amina und Yenee arbeiteten meistens nur nachmittags, und so konnten wir oft zusammen kochen. Die Küche war winzig und vom Boden bis zur Decke mit kleinen wassergrünen Kacheln bedeckt. Es gab einen Backofen und einen Gasherd. Daneben ein Spülbecken, einen Schrank für Teller und Gläser und einen Kühlschrank. Der erste Kühlschrank meines Lebens.

Amina und Yenee kochten äthiopische Gerichte für mich und ich somalische für sie. Wir konnten uns nur mit Händen und Füßen verständigen, aber bald erfanden wir unsere eigene Sprache, eine Mischung aus Somalisch, Äthiopisch und Englisch.

Das Appartement lag im obersten Stock eines vierstöckigen, rot verputzten Wohnhauses, das gar nicht mal so hässlich war. Es gab sogar einen kleinen Garten, in dem die Hunde ihr Geschäft machten. In jedem Zimmer schliefen sechs Frauen, jede auf einer eigenen Matratze, die alle nebeneinander lagen. Weil ich als Letzte angekommen war, lag meine ganz hinten, sodass ich über alle anderen drübersteigen musste.

Die Feldarbeit war anstrengend, und danach waren die Frauen immer erschöpft. Manche von ihnen konnten mich von Anfang an nicht leiden, besonders zwei Somalierinnen. Sie kamen vom Stadtrand Mogadischus und sahen in mir so eine Art Prinzessin, die im Leben nichts Besseres zu tun hatte als rumzurennen. Als wir einmal vorm Zubettgehen in der kleinen Küche zusammensaßen, wollte Amina das Geläster der beiden nicht mehr länger mitanhören und verkündete lauthals, dass ich einmal bei den Olympischen Spielen gewesen war und dort ihr Land vertreten hatte.

»Ist mir schnuppe, wo die war, bevor sie hergekommen ist«, antwortete eine der beiden Somalierinnen, eine sehr schöne junge Frau, so schön wie ein Fotomodell. »Jetzt ist sie hier, genau wie wir. Bei der scheint's auch nicht gerade toll zu laufen.«

Ganz unrecht hatte sie nicht.

»Und verloren hat sie außerdem«, sagte die andere, eine große Kräftige. Sie hatte immer einen angewiderten Zug um den Mund, als wäre ihr alles irgendwie lästig. »Mit Ruhm hat sie uns nicht gerade bekleckert.«

Auch sie hatte nicht unrecht.

Trotzdem genoss ich in den ersten Wochen den Duft der Freiheit ganz ohne Schießpulvergestank. Ich hatte ein paar Freundinnen gefunden und konnte mich frei auf der Straße bewegen, ohne das Risiko einzugehen, erschossen zu werden. Ich konnte den Markt besuchen, der viel kleiner war als in Bakara, aber auch von Menschen und Dingen wimmelte; ich konnte dort oder in irgendeinem kleinen Supermarkt einkaufen und dann nach Hause gehen und kochen. Ganz gewöhnliche Dinge, aber ich fand sie unglaublich. Ich war voller Energie, alles versetzte mich in Begeisterung.

Doch schnell lernte ich, dass alles nicht so einfach war, wie ich es mir vorgestellt hatte. Ich war zum Laufen hergekommen. Und ich hätte gleich am ersten Tag damit angefangen, hätte Eshetu mir nicht erklärt, dass ich mich noch eine Weile gedulden musste, zwei Wochen vielleicht. Es war alles noch nicht so weit, aber es sollte nicht mehr lange dauern.

Ich fühlte mich wie ein ungestümes junges Pferd ohne Sattel und Zaumzeug. Ich musste laufen, meine Muskeln wollten sich bewegen. Immer mehr Tage vergingen, und meine Ungeduld wuchs. Wenn die anderen nicht da waren, machte ich zu Hause ein paar Übungen, aber ich wollte unbedingt auf den Sportplatz.

Schon bald fing ich an, nachmittags zu arbeiten, um das Geld für meinen Unterhalt zu verdienen. Ich half der Ehefrau des Hausbesitzers, Spitzenborten auf Kleider zu nähen. In ihrer Wohnung, die neben unserer lag, verbrachten ich und noch dreißig junge Frauen jeden Tag vier Stunden damit, Tausende von Kleidern mit hauchdünnen Stickereien zu verzieren. Unter ihren Schleiern tragen muslimische Frauen nämlich oft nur einen Hauch von Nichts, die reine Sinnlichkeit. Auf dem Boden sitzend, zogen wir schweigend verborgene Fäden, stickten und knüpften an verbotenen Leidenschaften. Niemand sagte ein Wort. Die Hausherrin schaltete das Radio ein, und wir arbeiteten bei äthiopischer Volksmusik. Sie zahlte mir wenig, aber immerhin besser als nichts. Und vielleicht hatte meine somalische Mitbewohnerin ja recht: Auf dem Feld konnte ich nicht arbeiten, ich musste meinen Körper fürs Laufen schonen. Daran dachte ich beim Sticken ununterbrochen: endlich wieder laufen.

Und dann kam die Wahrheit ans Licht. Ich brauchte eine schriftliche Bestätigung aus Somalia, dass ich eine Athletin des Olympischen Komitees war und politisches Asyl in Äthiopien beantragt hatte. Vorher durfte ich nicht auf den Platz.

Sechs Wochen waren schon vergangen. Eineinhalb Monate ohne zu laufen. Ich versuchte Eshetu klarzumachen, dass das der reine Selbstmord war. Ich musste laufen, egal wie, es konnte Monate dauern, vielleicht sogar Jahre, bis die Papiere kamen, und vielleicht hätte ich bis dahin vergessen, wie eine Tartanbahn aussah. Ich erklärte ihm, dass die Dinge in Somalia viel schlimmer waren, als er es sich vorstellen konnte. Ich versuchte alles, damit er mich mit seinen anderen Athleten trainieren ließ. Es war nichts zu machen.

»Es geht nicht, Samia. Tut mir wirklich leid, aber schlag

dir das aus dem Kopf«, sagte er jedes Mal mit seiner freundlichen Stimme, wenn ich wieder drängelte. »Es geht nicht.«

Aber ich gab nicht nach, das durfte nicht wahr sein. Ich konnte nicht monatelang warten, auf keinen Fall.

»Ich bin doch 2008 in China gelaufen! Ich bin eine berühmte Athletin! Weißt du eigentlich, wie viele Frauen mir geschrieben haben?«, platzte es einmal aus mir heraus.

Aber die Antwort blieb immer dieselbe. »Es geht nicht.«

Jeden Tag ging ich zu ihm, jeden Tag hoffte ich, ihn umstimmen zu können. Einmal ließ ich sogar das Nähen sausen und tauchte einfach in seinem Büro auf, wo ich in Tränen ausbrach. Ich war zu allem bereit, aber ich musste endlich wieder trainieren. Eshetu wurde wütend, ich durfte nicht einfach so bei ihm aufkreuzen. Ich hatte keine Erlaubnis, den Sportplatz zu nutzen, fertig. Wenn mich jemand entdecken würde, würde alles nur noch schlimmer. Ich blieb trotzdem stur. Nichts. Als ich schon fast aufgegeben hatte und mit gesenktem Kopf gehen wollte, sagte er:

»Warte. Eine Möglichkeit gibt es. Eine einzige.« Er sah mich über den Rand seiner Lesebrille hinweg an.

Mich hielt nichts mehr auf dem Stuhl vor seinem Schreibtisch.

»Alles, Eshetu, ich mache alles …«

»Du kannst nachts laufen. Wenn keiner mehr auf dem Platz ist.«

Wieder nachts. Wieder allein. Einsam und allein. Mit dem, was ich mir vor meiner Abreise vorgestellt hatte, hatte das nicht das Geringste zu tun. Wieder musste ich mich verstecken.

Aber dieses Mal war es noch schlimmer. Das war nicht

mehr mein Land, ich war eine Fremde ohne Papiere. Ohne offiziellen Nachweis, wer ich war und wo ich herkam. Somalierin zu sein zog auch das nach sich. Man wurde in anderen Ländern nicht anerkannt.

»Für manche hier bist du eine *tahrib*, Samia, begreif das doch. Du musst aufpassen, was du tust«, fügte Eshetu hinzu. »Du darfst dich nicht in Gefahr bringen.«

Von der kleinen Subversiven, wie Al Shabaab mich nannte, war ich zu einer Tahrib geworden, einer Illegalen. Sollte das mein Schicksal sein? Wieder wie damals nächtelang allein und stumm durchs Stadion rennen? Wenn ich laufen wollte, blieb mir keine Wahl.

»Na gut. Dann trainiere ich eben nachts, wenn die anderen gegangen sind.«

Und so machten wir es. Jeden Abend traf ich Eshetu am Eingang zum Sportplatz und sah den anderen dabei zu, wie sie nach einem langen Trainingstag müde und glücklich nach Hause gingen. Dann schlich ich mich mit gesenktem Kopf in die Umkleiden, die noch nach ihrem Schweiß und ihren Duschgels rochen.

Während die Sonne unterging und der Mond am Himmel emporstieg, ging ich heimlich auf die Bahn. Die ersten Runden waren eine Befreiung, eine Wohltat für meine Beine, die schon viel zu lange hatten stillhalten müssen. Endlich durfte ich wieder zeigen, was ich konnte, und Vollgas geben. Aber ich fühlte mich dennoch wie eine Art Ungeziefer, das ging mir nicht aus dem Kopf.

Die ersten Tage blieb Eshetu auf dem Platz, sah mir zu und korrigierte mich, zeigte mir gezielte Übungen. Es war fantastisch, endlich einen professionellen Trainer zu haben. Genau das brauchte ich, wenn ich mich als Athletin weiterentwickeln wollte. Er wusste, wie er mich zu einer perfekten Läuferin machen konnte.

»Du verschwendest zu viel Energie, Samia«, rief er.

»Achte auf deine Fersen – nicht so hoch!«

»Ruder nicht so mit den Armen, Samia!«

»Bei der Beschleunigung die Schulter nicht verdrehen, Samia! Wie oft muss ich dir das noch sagen? Los, von vorne!«

»Die Augen immer auf die Ziellinie richten, Samia! Nicht zur Seite schauen, du verlierst nur Zeit!«

»Pass auf deine Hände auf! Halt sie still. Jede überflüssige Bewegung bedeutet Zehntelsekunden!«

»Was ist mit deinen Oberschenkeln, Samia? Sollen das Muskeln sein? Du musst an die Geräte! Was willst du denn mit diesen Storchenbeinchen erreichen?!«

»Achte auf deine Atmung, Samia! Atmung und Muskelaufbau, daran musst du arbeiten! Sonst wird das nichts mit dem Laufen.«

»Wiederholungen und Geräte. Da musst du ran. Sechs Monate, jeden Tag. Zwei Stunden Wiederholungen und eineinhalb Geräte!«

50-Meter-Sprints, zweihundert, jeden Tag. Und dann nach jedem Training 45 Minuten Muskelaufbau an den Geräten. Nur das, wochenlang. Fünf Monate lang.

Jede Woche rief ich zu Hause an und erzählte, wie prima alles lief. Ich wohnte in einem tollen Appartement und hatte einen Coach, der das Beste aus mir herausholte. Alle waren glücklich, Hooyo weinte jedes Mal vor Erleichterung, meine Stimme zu hören. Für mich war es die einzige Möglichkeit, ruhig zu schlafen.

Anfangs war Eshetu die ganze Zeit über bei meinem Training dabei. Später blieb er nur noch bei den Sprints und ließ mich das Gerätetraining alleine machen. Zum Schluss blieb er gar nicht mehr: Ich wusste, was ich zu tun hatte, und er ging zum Abendessen zu seiner Familie. Der Platzwart, der alte Bekele, war der Einzige, der noch da war. Ab und zu kam er aus seinem Kabuff und applaudierte, feuerte mich an. Ich sah seinen schmalen Umriss im Mondlicht.

Ich war glücklich, dass ich meine Leistung verbessern konnte, und über Eshetus Anweisungen. Aber mir fehlte der Wettkampf, ich wollte mich mit anderen messen. Immer dringender. Brachten all die Anstrengungen etwas? Ich vermisste, was mir am Laufen am besten gefiel: den Wettkampf. Ich wollte gegen andere antreten und an meine Grenzen gehen. Ich wollte siegen.

Während der Monate in Addis Abeba lernte ich, dass das Siegen ein unersetzlicher Antrieb für mich war, nur das Siegen gab mir die Kraft weiterzumachen. Und hier war das nicht möglich. Wettkämpfe fanden im Tageslicht statt, nicht im Dunkel der Nacht. Für einen Wettkampf brauchte man andere Athleten.

Aber ich war wieder allein auf einem Sportplatz, in der Dunkelheit, im fahlen Mondlicht.

Die Monate vergingen, und ich war immer überzeugter davon, dass ich vergeblich auf die Papiere aus Somalia wartete. Genauso wie auf die Möglichkeit, dass Eshetu mich behandelte wie die anderen. Keine Teilnahme an Wettkämpfen, keine Herausforderungen, ich konnte nicht zeigen, was in mir steckte.

Manchmal schlich ich mich schon zum Platz, bevor das

Training der anderen zu Ende war. Ich hatte Angst, Eshetu könnte mich sehen und wütend werden. Wenn mich jemand auf dem Sportplatz erwischte, riskierte ich, dass ich nicht einmal mehr nachts trainieren konnte. Deshalb stellte ich mich hinter den grünen Maschendrahtzaun oder versteckte mich hinter einer Hecke in der Nähe eines Stromkastens und betrachtete die anderen verstohlen, wie man die vom Glück Geküssten betrachtet.

Ich vergaß die Wettläufe, die ich gewonnen hatte, die Olympischen Spiele, ich vergaß alles. Ich wurde wieder zu einer Amateurin, die vom Laufen träumte. Unerreichbar wirkten die anderen. Perfekt. Blitzschnell. Es war wie im Fernsehen: Kraft, Präzision, Hingabe, Wille. All das lag in ihren Bewegungen. Sie waren alles, was ich vielleicht nie würde sein können. Ich bliebe eine Tahrib, die allein ihre Runden drehte.

Dabei wollte ich nur eins: siegen.

Ganz langsam und kaum merklich wuchs der Wille in mir, wieder fortzugehen. Mir fiel auf, dass ich mit Amina und Yenee über Addis Abeba schon so sprach, als gehörte es der Vergangenheit an, als hätte ich das Bedürfnis, es in Erinnerung zu behalten. Obwohl ich noch dort war.

Die letzten Wochen dort verbrachte ich so, als würde ich wehmütig Anlauf nehmen für eine ungewisse Zukunft. Krampfhaft versuchte ich, mir Orte und Empfindungen einzuprägen. Genau wie vor meiner Abreise aus Mogadischu. Ich ahnte, dass sie mich begleiten könnten auf der Reise, zu der ich mich noch nicht entschließen konnte, die mir aber immer ausweichlicher erschien.

Ich sagte Sachen wie: »Ich werde euer Essen vermissen und auch den Krach, den ihr jedes Mal veranstaltet, bevor ihr ins Bett kommt.« Amina und Yenee sahen mich nur verständnislos an. Sie dachten, ich hätte Heimweh und würde manchmal schwermütig. Erst später begriff ich, dass ich nicht wie eine Tahrib leben konnte und mein Wunsch zu fliehen stetig gewachsen war. Still und leise, jeden Tag ein bisschen mehr verspürte ich den Drang, zu Hodan nach Finnland zu gehen und einen guten Trainer zu finden. Und vor allem einen Ort, an dem ich mich nicht mehr verstecken musste. Ich wollte leben wie ein normaler Mensch, wie eine normale junge Frau.

Ich musste weg. Wenn ich mich für die Olympischen Spiele in London qualifizieren und sie gewinnen wollte, musste ich weg. Es war die einzige Möglichkeit.

Eines Morgens – ich hatte alles heimlich organisiert und niemandem ein Wort erzählt – packte ich meine paar Habseligkeiten und ging fort. Die Miete für die Woche und einen Zettel legte ich auf den Tisch: *Für Yenee und Amina. Ich habe euch lieb. Viel Glück, Samia.*

Ich ging zu Fuß, allein. In der Tasche das Geld, das ich in den vergangenen Monaten verdient hatte.

Ich würde es nach Europa schaffen, genau wie Hodan.

Ich würde die Reise wagen.

Es war der 15. Juli 2011, ich war gerade zwanzig geworden und mir blieb noch ein Jahr, um mich für die Olympischen Spiele zu qualifizieren.

Ich würde es schaffen, ohne Zweifel.

Bald wäre ich weg.

Endlich in Sicherheit.

In Sicherheit.

24

Es war nicht schwer gewesen, Kontakt zu den Schlepperbanden zu knüpfen. Dass es sie in Addis Abeba gab, wusste jeder Somalier, und ich hatte in den vergangenen Wochen die richtigen Fragen gestellt. Früher oder später nahm jeder Somalier, der sich in Äthiopien aufhielt, Kontakt zu ihnen auf, um in den Sudan zu kommen. Und von dort nach Libyen. Und von dort nach Italien, zu guter Letzt.

Es war nicht schwer gewesen, Asnake ausfindig zu machen. Er arbeitete zur Tarnung als Markthändler. Das Geld wollte er in Birr, der äthiopischen Währung, den Gegenwert von etwa 700 US-Dollar. Dafür würde er oder einer seiner Freunde mich in den Sudan bringen, nach Khartoum. Es war fast alles, was ich besaß, aber ich hatte keine andere Wahl und auch keine Lust, noch länger zu warten. Asnake sagte, ich müsse Geduld haben, ich könne nicht sofort abreisen. Er würde mir Bescheid geben, wenn es so weit war.

Während der Wartezeit versuchte ich, mich so unauffällig wie möglich zu verhalten. Amina und Yenee sollten nichts merken, ich wollte keine Fragen beantworten müssen oder mich irgendwie rechtfertigen.

Zehn Tage vergingen, bis Asnake dann eines Morgens um zehn Uhr einen Jungen vorbeischickte. Um eins sollte es losgehen. Er hatte schon bei unserem ersten Treffen angekündigt, dass ich keine Zeit für Vorbereitungen haben würde. Wenn der Moment kam, musste ich sofort bereit sein. In Wirklichkeit hatte ich nichts vorzubereiten, seit Tagen wartete ich auf diesen Augenblick. Also steckte ich meine paar Habseligkeiten in die Tasche und band mir das Tuch mit Hooyos Muschel um den Arm. Ich schnappte mir eine Flasche Wasser, hinterließ Amina und Yenee eine Nachricht und ging los. Entschlossen erledigte ich diese kleinen Verrichtungen, ohne eine Ahnung dessen, was auf mich zukommen sollte.

Treffpunkt war in einer großen Halle, in der normalerweise Mopeds und Fahrräder repariert wurden. Als ich ankam, waren die meisten schon da und warteten. Wir waren so viele, in meiner Vorstellung war ich immer allein gewesen oder nur mit einer kleinen Gruppe unterwegs. Ich zählte zweiundsiebzig Personen.

Eine Stunde saßen wir bei geschlossenem Rolltor in dieser Werkstatt herum, ohne etwas tun zu können. Auf knapp vierzig Quadratmetern. Jede Minute fragte ich mich, was jetzt passieren würde. Ich klammerte mich an meine Tasche. Meine Vergangenheit, meine Geschichte: Plötzlich hatte ich das Bedürfnis, etwas Vertrautes zu berühren, eine Erinnerung. Man verliert sich schnell, gibt auf unter so vielen, das begriff ich sofort. Es waren Mütter mit Kindern da, viele Frauen und auch ein paar Alte. Es stank nach Benzin und Motoröl, und das bisschen Sauerstoff in der Werkstatt war schnell verpestet; der Schweiß der vielen Körper erfüllte die Luft mit einem Übelkeit erregenden Geruch. Wir saßen so dicht gedrängt, dass wir einander berührten, so nah, dass wir die Haut der anderen durch die Schleier spüren konnten, unter denen wir nassgeschwitzt waren, den Männern liefen Schweißtropfen übers Gesicht. Wir warteten. Worauf, wusste keiner so genau.

Nach einer Stunde fingen die Kinder an zu weinen. Die unsinnige Warterei zerrte an unseren Nerven. Aber wir mussten noch länger ausharren. Nach einer weiteren Stunde ging das Rolltor endlich hoch, und ein Land Rover mit sechs Männern fuhr vor.

Als ich begriff, dass wir alle zweiundsiebzig auf der offenen Ladefläche dieses Geländewagens Platz finden mussten, bekam ich weiche Knie und musste mich kurz auf die Frau neben mir stützen. Manche von uns wirkten verzweifelt, andere völlig abgeklärt.

Wir mussten alles, was wir bei uns hatten, in eine Ecke legen. Und zwar restlos. Ohne Diskussionen. Man würde sich später um unser Gepäck kümmern. Mitnehmen durften wir nur einen kleinen Plastikbeutel. Einer der Schlepper hatte sie verteilt, einen für jeden. Keiner wollte sich von seinem Gepäck trennen, es war alles, was von unseren Leben noch übrig war. Wie unfertige Schmetterlinge wollten wir unseren Kokon nicht verlassen. Ich dachte an mein Stirnband, den Zeitungsausschnitt, berührte die Muschel am Handgelenk. Einer plötzlichen Eingebung folgend, wollte ich umkehren, nach Hause rennen, die Nachricht auf dem Küchentisch zerreißen und tun, als wäre nichts gewesen. Irgendwann würden die Papiere schon kommen, ich musste nur durchhalten.

Die Schlepper kamen auf uns zu und rissen denen in der vorderen Reihe die Taschen aus den Händen. Wer sich wehrte, bekam zu hören, er könne ja gerne bleiben, wenn ihm das nicht passte.

Wollte ich wirklich in Addis Abeba bleiben? Und wie lange noch? Mein ganzes Leben? Wie lange würde ich noch nachts laufen müssen wie eine Kakerlake? Ich machte meine Tasche auf, nahm Aabes Band heraus, das Foto von Mo Farah, einen Qamar und einen Garbasaar und verstaute alles in dem Plastikbeutel – den Rest legte ich in die Ecke.

Sofort verschwand meine Tasche in dem Haufen.

Schweigend hatten die Männer in der Mitte der Ladefläche zwei Bänke aufgestellt, jetzt gab es vier Sitzreihen. Das war niemals genug Platz für uns alle. Aber ganz langsam, mit einer Präzision und Geschicklichkeit, die an Handwerkskunst erinnerte, verkeilten sie uns miteinander wie Puzzleteile.

Wir mussten die Beine spreizen, damit das Bein eines Fremden dazwischenpasste. Ich hatte so wenig Platz, dass ich kaum atmen konnte. Wieder wollte ich weglaufen. Dann fing ein Kind an, mir ins Ohr zu schreien, und ich kam wieder zu mir. Ich dachte daran, warum ich hier war. Ich durfte nicht aufgeben.

Drei Tage würde die Reise dauern, in denen wir uns diesen engen Raum würden teilen müssen. Außer dem Plastikbeutel durften wir nichts bei uns tragen. Wenn wir überleben wollten, mussten wir uns von unseren Habseligkeiten trennen. Die Schlepper machten noch einen Kontrollgang und nahmen denen, die sich für besonders schlau hielten, die restlichen Sachen ab. Wenigstens hatten sie Wasserkanister für alle dabei.

Wir mussten noch eine halbe Stunde warten, zusammengepresst wie Ölsardinen, kaum in der Lage zu atmen, dann fuhren wir endlich los. In der Kabine der Fahrer und ein Helfer, auf der Ladefläche zweiundsiebzig Menschen. Die restlichen vier Männer blieben zurück und machten sich über die Taschen her.

Sobald wir losfuhren, begriffen wir: Sie würden für

immer dort zurückbleiben. Genau wie unser bisheriges Leben. Das spürte ich schon nach wenigen Metern, eingequetscht zwischen all den fremden Körpern. Nichts würde je wieder so sein, wie es einmal gewesen war. Ich war im Begriff, Afrika hinter mir zu lassen, meine Familie, mein Land. Meinen Kokon, egal wie groß oder klein, hübsch oder hässlich er war. Alles, was von meiner Geschichte übrig blieb, steckte in einem kleinen weißen Plastikbeutel.

War das wirklich alles, was mein Leben bis dahin wert gewesen war? Mein Herz sagte etwas anderes und hämmerte laut in meiner Brust. Ich biss mir fest auf die Lippe, um die Tränen zurückzuhalten. Zwischen all den Armen, Schultern und Ellbogen schloss ich die Augen und betete zu Aabe und zu Allah. Dass ich den Weg finden möge.

Meinen Weg.

Der erste Teil der Strecke führte durch die Stadt. Zwanzig Minuten durch Addis Abeba, in denen ich tiefe Scham empfand. Eine Scham, die nicht durch zweiundsiebzig zu teilen war, sondern sich um zweiundsiebzig vervielfachte. Ich fühlte mich vollkommen wertlos. An einer Ampel blieben wir stehen, vor uns lag die Nationalstraße. In den Augen, denen wir begegneten, lag Mitleid, aber auch Misstrauen.

Warum lasst ihr euch so behandeln?, fragten sie.

Endlich fuhren wir aus der Stadt hinaus und bogen in die breite Straße durch die Wüste ein, die alle »die große Straße nach Norden« nannten. Bei jedem Schlagloch dachte ich, eines meiner Organe würde mir platzen, so sehr drückten Dutzende von Ellenbogen dagegen. Die asphaltierte Stadtstraße war der üblichen Schotterpiste gewichen, die durch die Regengüsse und die sengende Sonne von Schlaglöchern nur so übersät war.

Die Straße war schnurgerade, und wir fuhren konstant mit einer ziemlich hohen Geschwindigkeit. So eng, wie wir saßen, war den Ersten nach kurzer Zeit schlecht. Ich bekam keine Luft, hatte das Gefühl, ohnmächtig zu werden. Hin und wieder musste ich mich mit übermenschlicher Kraft auf den anderen abstützen und mich zwei bis drei Zentimeter nach oben stemmen, um etwas Luft zu schnappen. Immer dachte ich an den Wind. Und an Alì, der gesagt hatte, ich solle darauf reiten. Weite Grünflächen, über die der Wind strich, mit vielen gelben Schmetterlingen. Daran dachte ich. Das sah ich vor mir. Das stellte ich mir mit aller Kraft vor, um die anderen Gedanken zu verdrängen.

Anfangs hatte keiner den Mut zu klagen, man hörte eher unterdrücktes Stöhnen, dann wurde der Singsang lauter, bis er sich schließlich in Erbrechen entlud. Wir hatten keine Möglichkeit auszuweichen. Wir waren vollkommen schutzlos, waren wie aufgerissene Fenster, der Welt und jedem Unwetter ausgeliefert.

Wir kamen durch zwei dünn besiedelte Ortschaften. An den Ortseingängen standen riesige bunte Plakatwände. Zwei Löwen mit mächtigen Mähnen, darunter der Name eines Reiseveranstalters für Safaris und ein großer Geländewagen mit der Aufschrift: LEBE DEINEN TRAUM.

Ein paar Händler boten am Straßenrand das am Morgen geerntete Obst und Gemüse den Abgasen dar. An Holzbuden lagen Kartoffelchips, Wasser, Kekse, Knabbereien, Obstsäfte, Kaugummis aus.

Als wir vorbeifuhren, drehten sich die wenigen Leute auf der Straße nach uns um. Vielleicht fanden sie uns komisch, vielleicht lächerlich. Vielleicht waren sie den Anblick auch gewöhnt und sahen uns mit derselben Gleichgültigkeit hinterher wie einem Blatt, das der Wind vor sich hertreibt, bevor es fällt.

In den ersten Stunden wollte ich mich nicht als Teil dieser Gemeinschaft fühlen und tat alles, um sie als vorübergehenden Zustand zu begreifen. Ich dachte an die Olympiade in London und sagte mir, dass ich mit meinen Mitreisenden nichts zu tun hatte. Aber dann gab ich auf. Ich akzeptierte, eine von ihnen zu sein. Ich war eine Reisende geworden. Wenn ich überleben wollte, hatte ich keine andere Wahl. Wir waren zu einem einzigen Körper geworden. Wenn einer von uns sich bewegen wollte, mussten fünf oder sechs um ihn herum sich mitbewegen.

Hin und wieder begegneten wir Frauen, die mit großen Körben auf dem Kopf vom Feld zurückkamen, oder Gruppen von barfüßigen Kindern, die herumrannten und uns ungläubig hinterhersahen, einem mit Menschen vollgestopften Jeep.

Gegen elf Uhr abends kamen wir endlich an. Wir hatten die Hauptstraße verlassen und waren etwa eine halbe Stunde lang auf einer Nebenstraße gefahren. Es war stockfinster. Nichts, so weit das Auge reichte. Bis auf eine große Lagerhalle.

Das Aussteigen war viel schwieriger als das Einsteigen. Meine Gelenke waren steif, ich konnte die Knie fast nicht mehr beugen. Das Laufen. Plötzlich fiel mir das Laufen wieder ein, wie ein Geistesblitz. Die Ältesten konnten sich kaum noch aufrichten. Sie hatten zu viele Stunden gekrümmt gesessen, ohne sich mit den Füßen auf dem Boden abstützen zu können.

Einer nach dem anderem quälte sich von der Ladefläche. Eine Frau, die mir in Addis Abeba ermutigend zugelächelt hatte, sah mich grimmig an. Sie erkannte mich nicht wieder. War hart geworden. Alle wirkten jetzt härter. Eingeschlossen in ihren Panzern.

Wir mussten in der Lagerhalle schlafen, die von einer einzelnen Neonröhre beleuchtet wurde. Das Licht war kalt und gespenstisch. Auf dem Boden, ohne Matratzen. Sie fuhren auch den Land Rover in die Halle und schlossen das Tor.

Erst da wurde mir bewusst, dass ich fast die ganze Zeit über die Luft angehalten hatte, seit der Junge mich in Addis Abeba abgeholt hatte. Als das Tor von innen mit einem großen Schloss versperrt wurde und ich mich in einer Ecke auf dem nackten Boden wiederfand, atmete ich erst einmal tief durch.

Das also war »die Reise«. Hodan hatte sie schon hinter sich.

Plötzlich kam mir alles hoch. Unsere Körper hatten sich an die Schlaglöcher und das Geschaukel gewöhnt, nun brachte die Ruhe meinen Magen in Aufruhr. Vielen schien es wie mir zu gehen, sie übergaben sich auf den Boden, dorthin, wo sie gerade lagen. Ich dachte an die Augen der Menschen an der Ampel in Addis Abeba. Sie hatten uns angesehen, als wären wir Luft, wie Gegenstände, die von einem Ort zum anderen verfrachtet wurden.

Keiner sagte etwas, keiner klagte. In den zwei Stunden, die wir in der nach Öl und Schweiß stinkenden Werkstatt in Addis Abeba eingesperrt gewesen waren, hatten wir unsere Würde verloren.

Bevor das Licht ausgemacht wurde, verteilten sie Müsliriegel und sagten, wir sollten uns ausruhen. Sechs Stunden später, im Morgengrauen, würde es weitergehen.

Der zweite Tag war noch schlimmer. Die mit Wut zurückgehaltenen Schmerzen ließen sich nicht mehr verdrängen. Meine rechte Schulter brannte wie Feuer. Die Enge und die Reglosigkeit raubten einem den Verstand. Ich musste mich bewegen. Immer wieder versuchte ich es, aber mehr als die überlebensnotwendigen zwei oder drei Zentimeter nach oben waren nicht möglich. Ich steckte fest wie in einer Zwangsjacke. Manchmal brüllte jemand seine Verzweiflung in die Luft und versank dann wieder in resigniertes Schweigen.

Das einzige Dorf, durch das wir kamen, war größer als die beiden Ortschaften am Tag zuvor. Anscheinend war Markttag, ein Stand reihte sich an den nächsten: Kleider, Schuhe, Strohhüte, Sonnenbrillen, amerikanische Jeans, Motoröl und Scheibenwischer, Schleier für Frauen, Turbane für Männer, Gurken, Pfirsiche, Salatköpfe, Tomaten, Gebäck, Milch, Cola. Alles flog an unseren Augen vorbei wie eine Fata Morgana. Jemand schrie, der Fahrer solle anhalten, aber er fuhr einfach weiter.

Dann veränderte sich die Landschaft. Die Büsche waren nicht mehr so hoch, die Bäume verschwanden ganz, bis es schließlich nichts mehr gab als Sträucher, überall. Und den Staub, den wir beim Fahren aufwirbelten und der in kurzer Zeit den ganzen Rover und unsere Köpfe bedeckte. Dieser feine Staub. Wie ich ihn liebte. Es war derselbe, den Alì und ich aufgewirbelt hatten und der im Shaat der Alten gelandet war. Erstaunt merkte ich, dass ich lachen musste. Die Frau neben mir sah mich an, als sei ich wahnsinnig geworden. Sie konnte mich nicht leiden. Sie schnalzte mit der Zunge, um mir zu zeigen, dass sie sich vor mir ekelte. Ich ignorierte sie. Ich lachte weiter, für mich allein, geborgen in meinen rettenden Erinnerungen.

Gegen Mitternacht informierten sie uns, wir seien angekommen, einen Tag früher als geplant. In der Ferne waren ein paar Lichter zu sehen. Sie hielten den Jeep an und befahlen uns sitzen zu bleiben. Sofort brachen einige in Jubel aus, machten Lärm, dachten, wir hätten es geschafft. Sie irrten sich.

Schnell sorgte ein Mann für Ruhe. Wir sollten zuhören, was die Schlepper uns sagen wollten. Sie sprachen eine Sprache, die nicht unsere war, eine Mischung aus Arabisch und Sudanesisch. Glücklicherweise verstanden einige von uns zumindest Arabisch und konnten übersetzen.

»Wir sind nicht in Khartoum«, sagte einer der Männer. »Wir sind zwei Kilometer vor Al Qadarif, kurz hinter der sudanesischen Grenze. Wem das nicht passt, der kann zu Fuß weitergehen.«

Al Qadarif ist eine kleine Stadt in der Wüste. Die schlechte Nachricht war, dass wir nicht dort hingebracht worden waren, wofür wir bezahlt hatten. Die gute, dass wir nicht mehr in Äthiopien waren. Sie warteten unsere Reaktionen erst gar nicht ab, gingen wieder nach vorn, und der Jeep fuhr los.

Ohne weitere Erklärungen brachten sie uns in eine Werkstatt, wo die nächste Schlepperbande auf uns wartete. Alles war wieder genau so wie in Addis Abeba. Ein Jeep und sechs Männer, die angespannt herumliefen. Sie rauchten, spuckten auf den Boden und fluchten in einer Sprache, die keiner von uns verstand.

Wir waren betrogen worden.

Dieses Mal war das Aussteigen noch schwerer als am Tag zuvor. Unsere Körper hatten sich an diese unnatürliche und schmerzhafte Haltung und die dauernden Stöße gewöhnt, und sie gehorchten unseren Befehlen nicht mehr.

Unmut wurde laut. Zwei Äthiopier, die die ganze Fahrt über nebeneinandergesessen hatten, schrien herum. Der eine war allein unterwegs, der andere mit seiner Frau und drei Kindern. Sie schlugen sich mit den Händen auf die Brust und den Kopf, sagten Worte, die ich nicht verstand, die aber anscheinend gegen die ersten Schlepper gerichtet waren. Die stiegen einfach wieder ein, ließen den Motor an und verkündeten, wem irgendwas nicht passe, der könne gerne wieder mit ihnen zurückfahren. Sofort. Sie würden einem sogar das Geld zurückgeben, sagten sie. Ich verstand nicht, ob das ein Witz sein sollte oder nicht. Jedenfalls rührte sich keiner von uns.

Dann verschwanden sie und mit ihnen der Jeep, der zwei lange Tage unser Zuhause gewesen war.

Wir blieben zurück und sahen uns ratlos an. Das war es also, was einen auf der Reise am meisten veränderte, und zwar für immer: Keiner wusste je, was in der nächsten Minute passieren würde.

Während wir so herumstanden, versuchte ich, mit einer jungen Somalierin zu sprechen, die mit ihrer Schwester unterwegs war. Ich brauchte den Trost einer Stimme, einer Stimme, die meine Sprache sprach. Alles war so schnell gegangen. Innerhalb von zwei Tagen hatte ich vergessen, wer ich war.

»Wo kommt ihr her?«, fragte ich. »Aus Mogadischu?«

Keine Antwort. Sie starrte auf ihre kleine Schwester, die sich am Boden zusammenkrümmte und würgte.

»Seid ihr aus Somalia?«, versuchte ich es wieder.

Die junge Frau drehte sich um, ihr Gesicht war bis zu den Haarwurzeln mit dem weißen Staub bedeckt, der sogar unter den Hidschab gedrungen war. Sie sah aus wie ein Gespenst, eine weiße Maske mit erloschenen Augen.

»Ja«, antwortete sie kaum hörbar. Sie hatte sich zu dem Kind hinuntergebeugt und streichelte ihm über den Kopf.

Bald erfuhren wir, dass wir weitere zweihundert Dollar zahlen mussten, wenn wir nach Khartoum wollten.

Wieder in einem alten rostigen Land Rover.

Eine Woche später sollte es weitergehen. Wer das Geld hatte, zahlte sofort, die anderen mussten sich eine Arbeit suchen oder sich das Geld von ihren Verwandten schicken lassen. Die Schlepper hatten ein Satellitentelefon, mit dem man zu Hause anrufen konnte. Entweder zweihundert sofort oder zweihundertfünfzig später.

Ich habe keine Minute gezögert und bezahlt.

Eine ganze Woche schlief ich in dieser Halle. Auf einer feuchten Matratze, die nach Ziegenpisse stank. Draußen wimmelte es nur so von diesen Tieren, die zu jeder Tages- und Nachtzeit herumblökten wie besessen, durstig, ausgehungert und genauso wahnsinnig wie wir. Würde doch scheffelweise verseuchtes Wasser auf sie niederprasseln.

25

Schließlich ging es weiter. Doch in den zurückliegenden Tagen hatte sich alles geändert. Aus der stinkenden Matratze war der Keim meines Egoismus gewachsen. Ich dachte jetzt nur noch an mich. Alles war meinem Überleben untergeordnet. Ich war wilder geworden, einzelgängerischer. Mein einziges Interesse galt dem Ziel der Reise. Ich hatte die Entscheidung selbst getroffen, und die Folgen hatten mich in diesen wenigen Tagen für immer verändert. Ich konnte die Reise nicht abbrechen, wenn ich nicht zu Fuß zurücklaufen wollte. Ich konnte nur weitermachen. Und meine Verwandlung akzeptieren. Ich musste es schaffen, um jeden Preis. Die Olympischen Spiele waren jetzt egal. Es ging nur noch ums Überleben.

Dieses Mal waren wir nicht so viele, nur achtundvierzig. Wir hatten mehr Platz, und ich hatte nicht mehr das Gefühl, bei jedem Schlagloch ohnmächtig zu werden. Aber wir alle wussten, dass uns der schlimmste Teil der Reise noch bevorstand: die Fahrt durch die Sahara. Jeder hatte in seinem Leben Dutzende von Geschichten darüber gehört, wir wussten, dass die Sahara die schwerste Prüfung war. Wir taten alles, um nicht daran zu denken. Immerhin hatten wir uns eine Woche lang ausgeruht und saßen nicht mehr so eng. Eine Art wahnsinniger Euphorie erfüllte uns.

Wir sangen. Auf der zweiten Etappe sangen wir. Um die

Zeit zu vertreiben, den Stunden einen Rhythmus zu geben. Von der Umgebung durfte man keine Zerstreuung erwarten. Da war nichts. Nur endlose ockerfarbene Weite aus nichts. Erde, überall Erde, feiner Staub, der aufwirbelte und einem in die Kehle drang, wenn man den Schleier nicht schützend vor den Mund hielt. Erde und trockene Sträucher. Und ein Weg, unser Weg, schnurgerade, Richtung Norden.

Abwechselnd sangen wir Lieder aus unserer jeweiligen Heimat. Eine Äthiopierin mit ihrem elf Monate alten Sohn im Arm machte den Anfang. Reihum stimmten ihre Landsleute ein. Dann waren wir Somalier dran und schließlich die Sudanesen.

Alles um bloß nicht nachzudenken. Wäre Hodan bei uns gewesen, sie wäre glücklich gewesen. Vielleicht hatte sie es auf ihrer Reise genauso gemacht. Und großen Erfolg gehabt. Eines Tages würde sie mir davon erzählen. Jetzt nicht. Es hatte keinen Sinn, an etwas anderes zu denken als an das, womit man gerade konfrontiert war. Die Zukunft existierte nicht.

Nach zwanzig Stunden Fahrt hielten wir wieder an. Vor einem Backsteinbau, allein in dieser staubigen Wüste.

Weit und breit nichts.

Es war Nacht, aber wir hatten schon seit mindestens sechs Stunden nichts anderes mehr gesehen als Erde und Steine und dürres Gewächs. Und mit einem Mal verschwanden auch die Pflanzen, und alles wurde zu Sand. Nur noch feiner Sand. Wir hatten die Sahara erreicht, ohne es zu merken.

Wegen der Lieder. Dazu brauchten wir die Lieder.

Schnell wurde uns klar, dass wir wieder nicht in Khartoum waren, sondern an einem Ort, der uns als Sharif al Amin präsentiert wurde. Wieder sprachen der Fahrer und sein Begleiter nur Sudanesisch und ein bisschen Arabisch. Wieder übersetzten einige von uns.

Sie behaupteten, es gebe ein Problem mit dem Jeep und wir müssten anhalten.

Das begriff man schnell auf der Reise. Ein schutzloser Flüchtling hatte kein Recht auf die Wahrheit. Der Jeep war nicht kaputt, der Jeep fuhr bestens. Aber wir wollten es glauben, weil wir aussteigen wollten, unsere Beine ausstrecken, den Rücken gerade machen. Man tauschte die Wahrheit gegen das Überleben. Gegen ganz wenig. Gegen ein Nichts.

Nur ein Somalier regte sich auf. Er war schmächtig, wirkte wie ein Intellektueller mit seiner Brille mit dem feinen Gestell, die Gläser von einer dünnen Staubschicht überzogen, die ihm anscheinend nichts mehr ausmachte.

»Elende Betrüger seid ihr«, schimpfte er auf Arabisch. »Dreckige Diebe! Miese Schwindler!«, brüllte er mit Schaum vorm Mund.

Der Beifahrer ging auf ihn zu und schlug ihm ins Gesicht. Der Mann fiel hin. Seine Brille zerbrach. Mühsam rappelte er sich mit beiden Gläsern in der Hand auf und zeterte weiter:

»Wie ihr mich ankotzt. Verlogene Dreckskerle seid ihr alle und sonst gar nichts.«

Der Schlepper trat ihm gegen das Bein, und der Mann fiel wieder hin. Er sagte nur: »Halt's Maul, Hawaian.« Tier.

Mehr nicht.

Wir waren ihnen ausgeliefert. Und das wussten sie. Sie

hatten gelernt zu erkennen, wann ein Mensch aufhörte, ein Mensch zu sein, und vollkommen hilflos wurde. Es war in den Augen zu lesen. Klar und deutlich. Jeder Versuch, es zu verbergen, scheiterte kläglich. Man roch wie ein unterworfenes Tier.

Das war das erste Mal, dass sie uns Hawaian nannten. Sobald man in der Wüste war, hörte man auf, ein Mensch zu sein. Ich war schon in Addis Abeba eine Tahrib gewesen, aber jetzt war ich eine schutzlose Tahrib. Auf der Flucht und verletzlich. Nur noch ein Tier, dessen Leben an einem Faden hing, der immer dünner wurde.

Dann verprügeln sie dich.

Wenn du kein Geld hast, verprügeln sie dich.

Wenn du nicht tust, was sie sagen, verprügeln sie dich.

Wenn du Widerworte gibst, verprügeln sie dich.

Wenn du um Wasser bittest, verprügeln sie dich. Egal, ob du Mann oder Frau bist, erwachsen oder noch ein Kind, sie verprügeln dich.

Wenn du zu unbequem bist, bringen sie dich zur Polizei.

Dann hast du zwei Möglichkeiten. Du kannst die Polizisten dafür bezahlen, dass sie dich anderen Schleppern ausliefern, oder du lässt dich zurückbringen, an die äthiopische Grenze.

Schnell lernt man auf der Reise zu schweigen und zu beten. Schnell lernt man auf der Reise zu vergessen, den Grund für die Reise vergisst man, und übt sich in Schweigen und in Beten.

Das Backsteingebäude in Sharif al Amin war ein Gefängnis mit vergitterten Fenstern. Zwei Liter Wasser und zwei

Mahlzeiten am Tag. Eine Matratze auf dem Boden, dreißig Häftlinge in einem Raum.

Wer nach Khartoum wollte, brauchte wieder zweihundert Dollar. Ich hatte fast kein Geld mehr. Am dritten Tag rief ich Hodan an und gestand ihr, dass ich die Reise angetreten hatte. Sie dachte, ich wäre noch in Addis Abeba, ich hatte ja niemandem Bescheid gesagt. Ich hatte nur eine Minute Zeit, mehr nicht. Sie wusste das. Mehr Zeit gaben die Schlepper einem nicht zum Telefonieren. Eine Minute schien kurz, aber unter diesen Umständen war es eine Ewigkeit. In eine Minute passte alles, was man brauchte. Eine Minute konnte einem das Leben retten. Eine Minute reichte vollkommen.

Hodan hatte nicht damit gerechnet, sie redete ohne Punkt und Komma, sei vorsichtig, verbünde dich mit den anderen Somaliern, bildet eine Gruppe und bleibt immer zusammen, entferne dich nicht von der Gruppe, verhalte dich wie die anderen auch, so unauffällig wie möglich. Plötzlich funktionierte mein Hirn wieder, ich konnte mir alles merken, was sie sagte.

Sie fragte, wo ich war. Sie kannte den Ort nicht, ihre Reise war einer anderen Route gefolgt.

Ich sagte ihr, dass ich Geld brauchte, um weiterzukommen, ich wollte Hooyo oder Said nicht anrufen, sie nicht beunruhigen. Sobald ich in Italien wäre, würde ich mich bei ihnen melden, sofort nach der Ankunft. Ich sagte ihr, wohin sie das Geld schicken sollte. Bevor ich auflegte, erinnerte sie mich an etwas.

»Sag nie, dass du Angst hast, Samia.«

»Mach ich, Abaayo.«

Niemals.

Genau dasselbe hatte ich zu ihr gesagt. Bei ihrer Reise.

Aber jetzt war alles anders. Ich hatte Angst, große Angst. Ich fühlte mich so brüchig wie das zerknitterte Foto von Mo Farah in meinem Plastikbeutel. Durchscheinend wie Schmetterlingsflügel. Körperlos wie eine Wolke.

Was man in einer Minute nicht alles sagen kann. So viel.

Acht Tage später kam Hodans Geld, und zwei Nächte später ging es weiter.

26

Nach der Ankunft in Khartoum musste ich mich ausruhen und Kräfte sammeln, denn der schlimmste Teil der Strecke stand bevor: die Durchquerung der Sahara.

Ich war völlig am Ende. Nur noch ein Schatten meiner selbst, nichts Gegenwärtiges mehr, nur noch ein Fädchen von Erinnerungen und losen Bildern. Das war von mir geblieben.

Sechs Wochen verbrachte ich mit über dreißig anderen Frauen in einem winzigen Appartement am südlichen Stadtrand. Eineinhalb Monate. Wenn wir nicht schliefen, huschten wir abwechselnd auf den Markt oder in einen nahen Laden, um Essen einzukaufen. Wir waren ja Tahrib, wir mussten auf der Hut sein. Wie Tahrib huschten wir herum. Hatten Augen wie Tahrib. Eine Horde verschreckter Ratten waren wir, verstört und panisch. Ständig in Angst, an den Ausgangspunkt der Reise zurückkehren zu müssen.

Wieder musste ich Hodan anrufen, um mir weitere fünfhundert Dollar schicken zu lassen. Dieses Mal bis Tripolis. Ohne es beabsichtigt zu haben, ließ ich mir Alìs Geld zurückgeben, das Geld für Mannaar. Aber es hatte sich alles geändert. Mannaar war nur noch in meinen Träumen. Nur noch im Schlaf dachte ich an sie. Wenn ich wach war, dachte ich nur daran, am Leben zu bleiben.

Ich wusste, dass sie uns nicht bis nach Tripolis bringen würden. Bestimmt würden sie uns irgendwo anders absetzen. Aber ich hatte dazugelernt. Ich dachte einfach nicht darüber nach, dann hatte ich auch keine Angst.

Das Appartement lag in einem sechsstöckigen Haus am abgrundtief hässlichen Stadtrand von Khartoum. Es hatte nur zwei Fenster, von denen man auf genauso heruntergekommene Häuser blickte. Blätternder Putz und bröckelnde Fassaden. Zwischen zwei Gebäuden sah man in der Ferne, am Rand des Blickfelds, ein Stück Wüste.

Gold.

Es war unfassbar heiß. Und wir waren zweiunddreißig Frauen plus zwei Kinder auf vierzig Quadratmetern.

Mir fehlte selbst für Träume die Luft.

Dann machte ich einen schweren Fehler. Vielleicht fühlte ich mich trotz allem noch immer unverletzbar, unbesiegbar wie die alte Samia. Es gab mich eigentlich nicht mehr, ich wusste kaum noch, wer ich war, nur manchmal blitzten Erinnerungen auf. Aber vielleicht lässt sich das, was wir tief in unserem Innern sind, gar nicht auslöschen. Vielleicht können wir aber auch nur an unseren Handlungen erkennen, wer wir wirklich sind.

Ayana, eine junge Somalierin, hatte mich gewarnt. Aber ich war so durstig. Und wir hatten kein Wasser mehr und mussten warten, bis es dunkel wurde, damit wir rausgehen und ein paar Kanister besorgen konnten. In der Nacht hatte ich meine Kleider durchgeschwitzt, selbst meine harte Matte war feucht geworden. Da trank ich Leitungswasser. Drei Stunden später bekam ich Schüttelfrost. Am Rücken, an Armen und Beinen, ich zitterte wie Espenlaub. Kalter

Schweiß. Mir war übel, und ich halluzinierte. Ich bekam Fieber wie noch nie im Leben. Und Durchfall. Seit Beginn der Reise hatte ich nicht mehr viel gegessen. Die Muskeln, die ich unter Eshetus Anleitung aufgebaut hatte, bildeten sich langsam zurück, das war mir schon aufgefallen. Aber der Durchfall gab mir den Rest. Drei Wochen lag ich auf der Matte wie im Koma. Ayana kümmerte sich um mich. Sie blieb verschont, andere wurden ebenfalls krank. Wenn das Wasser nicht schuld war, dann irgendein ungewaschenes Stück Obst oder verdorbener Fisch.

Ich hätte die Reise fortsetzen sollen, aber ich musste erst wieder auf die Beine kommen. Ayana hatte niemanden in Europa, den sie um Geld bitten konnte, sie würde viel länger in dem Appartement bleiben als ich. Mittlerweile war es ein bisschen zu ihrem Zuhause geworden.

Dann wurde ich endlich gesund. Meine Kraft kehrte zurück. So viel wie nötig.

Wieder wurden wir zusammengepfercht, nur waren wir diesmal noch mehr als beim ersten Mal. Sechsundachtzig. Wieder so eng zusammengepresst, dass wir uns übergeben mussten, weil wir keine Luft bekamen. Wieder ein Jeep.

Schon nach wenigen Kilometern sprach niemand mehr, niemand jammerte, niemand kam auf die Idee zu singen. Die Fahrt durch die Wüste war viel schlimmer.

Die Hitze brachte uns fast um, und der Jeep kam kaum vorwärts. Damit er nicht im Sand stecken blieb, fuhr er nur vierzig Stundenkilometer. Er bremste nicht, er beschleunigte nicht, er kroch durch die Gluthitze, und alles wurde nervenaufreibend, selbst das Atmen. Man hatte das Gefühl, dass der Weg mit jedem Meter länger statt kürzer wurde.

Vier Tage sollte diese Tortur dauern. Das Einzige, worauf wir warteten, waren die Stopps, zweimal am Tag. Einmal tagsüber, zum Austreten und Trinken. Einmal nachts, um im Sand zu schlafen. Die Tage waren zu einer endlosen Warterei geworden. Sobald wir losfuhren, zählten wir die Minuten bis zum nächsten Halt.

Rings um uns diese Mondlandschaft, Himmel und Erde nicht voneinander zu unterscheiden. Man konnte sich an nichts mehr orientieren. Als würde man in einen Spiegel springen. Sand, nur Sand, so weit das Auge reichte. So monoton, dass man selbst zu Sand wurde. Er kroch überall hin, in die Augen, die Kehle und die Lunge. Unentwegt musste man schlucken, damit er einem den Hals nicht ausdörrte. Aber schon bald hörte man auf, gegen ihn zu kämpfen, schloss einfach die Augen, biss die Zähne zusammen und zählte. Zählte bis tausend, und bei jedem Hunderterschritt schluckte man das bisschen Spucke runter, das man noch hatte. Die Finger halfen mit, damit man nicht vergaß, wo man war. Dann bis zehntausend. Wenn man einmal bis tausend gezählt hatte, wusste man, dass zwanzig Minuten vergangen waren. Das hatte Amir mir beigebracht, auf der ersten Etappe von Addis Abeba nach Al Qadarif. Du musst bis zehntausend zählen. Das dauert drei Stunden. Wenn du dreimal bis zehntausend gezählt hast, kommt bald der Stopp. Während du immer weitermachst, wirst du selbst zu Sand, fühlst dich wie ein Sandkorn, winzig klein in dieser gleißenden Weite, wie eine der Sekunden, die dir durch den Kopf gehen, immer und immer wieder, fühlst dich, als ob du den Verstand verlierst.

Meinen Plastikbeutel hatte ich unter mein Hemdchen gesteckt.

Jeder bekam zehn Liter Wasser für vier Tage. Zweieinhalb Liter pro Tag, bei 50 Grad Hitze reichte das nicht einmal für ein paar Stunden.

Immer wieder schliefen Leute ein oder wurden bewusstlos, weil sie keine Luft mehr bekamen. Mir erging es nicht anders. Die Frau neben mir, eine alte Somalierin, bemerkte es und schubste mich mit der Schulter an, damit ich wieder zu mir käme, aber ich reagierte nicht. Ein Mann, dem es gelungen war, eine Wasserflasche zu verstecken, gab sie weiter an die Frau. Sie schüttete mir etwas Wasser auf den Kopf, und ich kam wieder zu mir. Wo war bloß meine Kraft hin? Wo war die kleine Kriegerin von den Olympischen Spielen? War ich wirklich in Peking gewesen, oder war alles nur ein Traum? Die Eröffnungszeremonie und ich als leuchtender Stern am Firmament der Stärksten aus der ganzen Welt, Mo Farahs Lachen mitten auf dem Rasen – alles nur eine Halluzination?

Abends fuhren wir so lange, bis auch die Fahrer nicht mehr konnten. Damit sie nicht von den über der Wüste kreisenden Helikoptern entdeckt wurden, fuhren die Schlepper ohne Licht, sie schalteten es nur ein, wenn es gar nicht anders ging. Man saß nicht nur eingequetscht zwischen Dutzenden von Leibern in einem klapperigen Jeep, der im Schneckentempo durch die Sahara kroch, sondern es war auch noch stockfinster. Nach Sonnenuntergang war es wie eine Fahrt durch einen Albtraum. Das Zählen beruhigte und beschäftigte mich. Manchmal kam es mir vor, als säße ich im Flugzeug, wie auf dem Flug nach Peking, als ich das Schlafmittel genommen hatte. Genau wie damals träumte ich bei dem Motorengeräusch, dass ich in einem langen, dunklen Tunnel steckte. Aber dann machte ich schnell die Augen auf, und alles war gut. Ich war auf dem Weg nach China, zu meinen Olympischen Spielen. Ein wunderschönes Hotel erwartete mich. Veronica Campbell-Brown würde mir die Hand schütteln. Anfangs wäre sie skeptisch, aber dann voller Bewunderung. Ich würde in einem riesigen Stadion antreten, vor den Fernsehkameras der ganzen Welt. Ich würde mein Bestes geben. Am Ende würden alle aufstehen und mir zujubeln. Journalisten aus allen Ländern der Erde würden mich interviewen, mein Gesicht würde in den entlegensten Winkeln des Planeten zu sehen sein.

Dann rumpelte es, ein brüskes Lenkmanöver oder eine tiefe Senke, oder jemand musste sich übergeben. Und ich war wieder, wo ich war. Im schwarzen Tunnel der Wirklichkeit. Kilometer über Kilometer in der Finsternis, nur das GPS kannte den Weg. Sechsundachtzig Menschenleben hingen an der Technologie eines GPS. In der Sahara gab es keine Straßen. Keine Wege. Jeder Schlepper, jede Reise folgte einer eigenen Route. Am Morgen verdeckte der Sand die Reifenspuren. Für immer verschwunden. Keine Reise war wie die andere. Tagelang war man Schleppern ausgeliefert, die einem kleinen Gerät ausgeliefert waren, das von einem Satelliten Signale empfing.

Gegen drei Uhr nachts blieben wir irgendwo in den endlosen Sandbuckeln stehen, aßen *moffa*, einen Brei aus Getreide und Maismehl, und versuchten da, wo wir gerade saßen, in den Schlaf zu finden, irgendwo in der Nähe des rostigen Autos, das von außen betrachtet winzig aussah. Die Familien blieben beieinander, die Kinder weinten. Die Alten klagten.

Ich hatte mit einer Äthiopierin Freundschaft geschlossen, die kaum älter war als ich und Ärztin werden wollte. Zena. Sie träumte davon, in Europa zu studieren. Egal wo,

Hauptsache in Europa. Sie war mit ihrer alten Großmutter unterwegs, die nie von ihrer Seite wich.

Trotz der Strapazen waren wir nicht müde. Wir konnten nicht einschlafen. Viele beteten. Sie beteten laut. Die Kinder gaben keine Ruhe, und die Eltern wussten nicht mehr, was sie noch tun sollten. Besonders ein Kind fiel auf. Der vierjährige Said weinte den ganzen Tag, und auch nachts konnte ihn keiner beruhigen. Seine Stimme war vom Weinen schon ganz rau geworden, kehlig wie die eines alten Wahnsinnigen oder eines verlassenen Hundes, der seit Wochen an einen Pfosten gekettet ist. Jeden Abend mussten die Eltern sich abwechselnd mit ihm von der Gruppe entfernen, um nicht zu sehr zu stören. Es wäre möglich, dass einer durchdrehte. Man musste aufpassen.

Während ich in diesen Nächten im Sand lag wie Ungeziefer, wie die Käfer und Krabbeltiere der Wüste, dachte ich an Hooyo, an Aabe. Ich weinte und bat meinen Vater stumm um Hilfe. Oder ich sprach mit Hodan, erzählte ihr, dass ich bald bei ihr sein würde. Ich dachte an Peking, die glücklichen Zeiten, den ersten Morgen im Hotel vorm Fernseher. An den Applaus, die jubelnden Menschen, die meinen Namen riefen. Ich dachte an die Olympischen Spiele in London und machte mir selbst Mut. So fand ich langsam in den Schlaf.

Als wir zwei Tage unterwegs waren, ging der Land Rover mittags kaputt, aber dieses Mal war es nicht vorgeschoben. Eine Weile ruckelte es beim Fahren, dann blieb er im Sand stecken. Wir standen mitten in der Sahara, bei fünfzig Grad Hitze, waren vollkommen schutzlos.

Wir stiegen alle aus. Die Schlepper schraubten irgendwas am Motor rum, ohne dass sie jemanden in ihre Nähe ließen. Drei Stunden später hatten sie kapiert, dass nichts zu machen war, und forderten Hilfe an, indem sie die GPS-Koordinaten durchgaben.

Die Kinder weinten, die Alten suchten im schmalen Schatten neben dem Jeep Schutz. Fast vierundzwanzig Stunden harrten wir so aus. Das Wasser war schon vor einer ganzen Zeit ausgegangen. Alle dachten nur noch ans Sterben, und die Gedanken jedes Einzelnen übertrugen sich auf die ganze Gruppe. Wie ein mächtiges Gewicht senkte sich die Todesangst auf unsere Körper und drückte uns nieder. Schutzlos der sengenden Sonne ausgesetzt, empfanden wir die Stunden als endlos, ein Delirium, in dem alle dieselben Horrorvisionen hatten.

Dann hörten wir aus der Ferne ein Motorengeräusch näher kommen. Wir konnten nicht mehr unterscheiden, ob wir es tatsächlich hörten oder ob wir es uns nur einbildeten. Aber dann tauchte hinter einer Sanddüne ein Auto auf. Sie hatten uns gefunden. Und Wasser hatten sie auch dabei, es hingen viele Kanister am Wagen. Die Fahrt ging noch am selben Abend weiter.

Vor jeder Abfahrt wurden immer dieselben drei Regeln wiederholt.

Erstens: Du darfst außer dem Plastikbeutel nichts mitnehmen.

Zweitens: Wenn du Ärger machst und das Auto wegen dir anhalten muss, musst du aussteigen und bleiben, wo du bist.

Drittens: Wenn du vom Auto fällst, hält der Fahrer nicht an.

Die letzte Regel diente nur der Vorbeugung. Eigentlich würde es gar nicht lange dauern: Man müsste nur kurz anhalten, den Verunglückten einsammeln und weiterfahren. Trotzdem machten sie es nicht. Sonst würden viele sich gehen lassen. Nach wenigen Stunden in der Hitze würde einem bewusst werden, wie hilflos man war. Zusammengepfercht wie Tiere, die ins Schlachthaus gebracht wurden. Man würde aufgeben und sich fallen lassen. Da war es besser, alle gegeneinander aufzuwiegeln und ihnen klarzumachen, dass ihr Leben so viel wert war wie der Schmutz auf der Straße. Oder der Sand, in dem die Reifen nicht stecken bleiben sollten. Nur ein Hawaian warst du, ein Stück Vieh, das von einem Ort zum nächsten verfrachtet wird. Mehr nicht.

In der Nacht vor der letzten Weiterfahrt hatte ich mit Zena und ihrer Großmutter in einiger Entfernung zum Jeep geschlafen, weil der kleine Said die ganze Nacht geweint hatte. Als wir im Morgengrauen geweckt wurden, mussten wir uns beeilen, sonst wären wir beim Einsteigen die Letzten gewesen. Aber die Großmutter konnte nur langsam laufen, ihr taten die Füße weh. Also lief ich vor, um den beiden Plätze freizuhalten. Doch das durfte man nicht, jeder musste zusehen, wo er blieb. Als ich die alte Frau verteidigte, fing eine Äthiopierin an zu schreien und wollte mich ohrfeigen, bevor sie sich einfach neben mich quetschte. Ich versuchte, weiter nach hinten durchzukommen, doch es war unmöglich. Die Menschenmenge war zu stark. Ich musste bleiben, wo ich war, und Zena landete mit ihrer Großmutter ganz am Rand der Ladefläche.

Nach ein paar Stunden schrie plötzlich jemand in irgendeiner Sprache, jedenfalls nicht in meiner. Vielleicht war es Arabisch, vielleicht Äthiopisch, vielleicht auch Sudanesisch oder Englisch. Vorne fingen sie an, auf die Fahrerkabine zu trommeln.

»Anhalten! Haltet an!«

Ich dachte, es wäre wieder jemandem schlecht geworden. Der Fahrer tat, als würde er nichts hören, und fuhr einfach weiter. Vorne wurde immer noch gehämmert. Kurz darauf kurbelte der Schlepper das Fenster runter, hielt den Arm raus und streckte die geöffnete Hand der Ladefläche entgegen, die arabische Geste für »Geh zum Teufel«.

Dann kam die Nachricht an. Von Ohr zu Ohr geflüstert. Jemand war vom Wagen gefallen. Zenas Großmutter.

27

Sie setzten uns an der libyschen Grenze ab. Es war der 12. Oktober 2011.

Der Land Rover hielt an, und wir warteten. Nur das GPS konnte ihnen verraten haben, dass hier der Sudan endete, weit und breit war nichts als Sand, nur Sand. Aber hier endete der Sudan. Wir warteten stundenlang.

Dann holten sie uns ab. Libysche Schlepper. Viel schlimmer als die Sudanesen, sagte man. Weil die Gesetze in Libyen viel strenger waren.

Sie kamen, luden uns in einen Kleinbus und brachten uns nach Kufra. Ins Gefängnis. Der schlimmste Albtraum wurde Wirklichkeit. In Kufra konnte man für immer hängen bleiben, wenn man nicht bezahlen konnte, was sie verlangten, und das war viel. Oder wenn man anfing, nach Verwesung zu stinken. Dann brachten sie einen zurück an die sudanesische Grenze, bevor man starb. Mitten in der Sahara ließen sie einen krepieren. Zumindest erzählte man das.

Die Ankunft war gar nicht so schrecklich. Das Gefängnis war besser als das in Sharif al Amin, größer, geräumiger. Ein heller Betonbau mitten in der Wüste. Umgeben von den üblichen endlosen goldenen Sanddünen. Es roch nach dem Staub, der mit dem Luftzug durch das Tor hereinkam, das die Wachen tagsüber geöffnet ließen. Bei unserer Ankunft wurden wir gut behandelt und mit den Worten »Willkommen in Libyen« begrüßt. Männer und Frauen wurden getrennt, und wir bekamen reichlich Wasser und Essen. Ich wurde gewaschen. Bekam neue Kleidung. Auf eine Matratze gelegt, die nach den langen Nächten auf dem bloßen Sand ein Segen war.

Aber schon am Abend des zweiten Tages kamen sie und wollten Geld. Tausend Dollar, um mich nach Tripolis zu bringen. Wie immer durfte man telefonieren, wenn man sie nicht hatte. Eine Minute lang. Fünf Mal am Tag kamen sie, um mich zu erinnern. Fünf Mal mit Knüppeln und *hafta*, Hawaian, »Geld her, du Tier!«.

Das konnte Wochen so gehen, Monate. Es war ihnen egal, sie hörten nicht auf. Aber nur, wenn man sie davon überzeugen konnte, dass man früher oder später zahlen würde. Wenn sie kapierten, dass man nicht zahlen konnte, brachten die Männer einen zurück an die Grenze. Die Frauen bezahlten die Fahrkarte mit ihren Körpern. Das hatte Taliya mir erzählt, eine junge Somalierin, drei Tage nach meiner Ankunft. Ich hatte mitbekommen, dass sie eine Landsmännin war. Ich brauchte den Trost einer Stimme, wollte einfach nur mit einem Menschen in meiner Sprache reden. Unsere Zellen lagen nicht weit auseinander, und als ich ihr auf dem Hof begegnete, sprach ich sie an.

»Du kommst aus Somalia, oder? Wie heißt du denn?«, fragte ich und setzte mich neben sie auf eine Bank an der Lehmmauer. Dabei starrte ich auf den Boden, irgendwann auf der Reise hatte ich den Mut verloren, anderen Menschen in die Augen zu sehen.

Ich wiederholte meine Frage. Sie antwortete nicht, aber ich ließ nicht locker. Nach einer Weile sagte sie »Taliya«, dann starrte auch sie weiter auf den Boden. Ich plapperte lauter dummes Zeug, wollte einfach nur reden. Taliya antwortete nicht. Eine halbe Stunde ging das so, vielleicht sogar eine Stunde. Ich wollte, dass sie antwortete. Dann sagte sie nur: »Ich habe mich ficken lassen wie eine Hündin, nur um wegzukommen. Vier Monate bin ich jetzt hier.«

Hodan brauchte achtundzwanzig Tage, um mir das Geld zu schicken. Ich konnte es an einer kleinen Holzbude abholen. In bar. Direkt am Gefängniseingang, so ein Zufall. Achtundzwanzig endlose Tage, die ich bei Wasser und Erdnüssen überstehen musste. Ab dem dritten Tag bekamen wir nämlich nichts anderes mehr, nur Wasser und Erdnüsse. Wie die Affen. Wenn man Geld hatte, konnte man bei den Wachen etwas kaufen. Aber wenn man tatsächlich Geld hatte, nahmen sie es einem meistens als Anzahlung auf die tausend Dollar einfach weg.

Obwohl Männer und Frauen im Gefängnis getrennt untergebracht waren, wurde der Hof von allen genutzt, man konnte herumlaufen und die schmutzige Wüstenluft atmen. Sonst passierte nichts. Wir waren am Ende, nur noch Schatten unserer selbst. Niemand sprach, manche drehten durch, wegen der Hitze oder der Einsamkeit, dem Heimweh. Ich versuchte, die Ruhe zu bewahren und mir Ärger vom Leib zu halten.

Eines Tages beschlossen drei Äthiopier, die seit fünf Monaten in Kufra waren und schon einen Haufen Prügel eingesteckt hatten, den Wachen eine Lektion zu erteilen. Sie wussten, dass sie den Kürzeren ziehen würden, aber sie waren nicht mehr bei Verstand, wollten sich abreagieren, brauchten die Genugtuung, einem anderen Schmerz zuzufügen. Es hatte sich herumgesprochen, dass etwas passieren würde. Es war unser Unterhaltungsprogramm in diesem Leben, das zum reinen Überleben geworden war. Um zwei Uhr nachmittags versammelten wir uns im Hof, um der Rache beizuwohnen. Es gab zwei Wächter, die besonders grausam waren, die aus der reinen Lust heraus prügelten. Einer der Äthiopier rief sie unter einem Vorwand zu sich. Schnaubend kamen sie angelaufen in ihren grünen kurzärmligen Uniformen, Knüppel und Pistolen in den Gürteln. Da stürzten die anderen zwei herbei, und aufs Geratewohl schlugen und traten alle drei auf die Wächter ein, bis diese zu Boden gingen. Sie prügelten sich den monatelang angestauten Hass aus den Leibern. Aber schon bald kamen sechs andere Wächter angerannt. Einer ihrer Kollegen lag blutüberströmt am Boden, bewegte sich aber noch, der andere lag reglos mit aufgerissenen Augen da wie tot. Abgestumpft betrachtete ich sie, wie betäubt. Die Sonne im Zenit hatte mein Hirn ausgetrocknet. Nichts konnte mich mehr beeindrucken.

Einer der Hinzugekommenen berührte seinen Kollegen. Er schien tatsächlich tot zu sein. Sie fragten, wer ihn umgebracht habe. Keine Antwort. Sie fragten noch einmal. Schweigen. Der Anführer der Wächter, der Schmächtigste von allen, zog die Pistole aus dem Gurt und schoss in die Luft. Er wiederholte die Frage. Einer der Äthiopier, der Kräftigste der drei, trat vor.

»Ich habe ihn umgebracht«, sagte er auf Arabisch.

Das Männlein in Uniform befahl ihm niederzuknien, dort vor allen. Dann musste er noch einmal wiederholen: »Ich habe ihn umgebracht.«

Wir alle wussten, was passieren würde. Auch der Äthiopier, aber er blieb ruhig. Das Männlein senkte den Arm.

Nur ein Schuss, ein kurzer Knall. Dann lag der Äthiopier neben dem Wächter auf dem Boden.

Achtundzwanzig endlose Tage verbrachte ich als Gespenst unter Gespenstern. Nachts konnte ich vor Hitze nicht schlafen, und tagsüber schleppte ich mich kraftlos auf der Suche nach einem Fleckchen Schatten herum. Von Ferne kam mir in den Sinn, dass ich ein paar Übungen machen, meine Muskeln an der Mauer dehnen könnte. Aber die Nüsschen reichten nicht, ich hatte keine Kraft. Ich konnte nicht mehr klar sehen, und wenn die Sonne im Zenit stand, bekam ich Halluzinationen. Mit dem Rücken an eine Wand gelehnt hockte ich auf dem Boden und sah Aabe, unseren Hof, den Eukalyptusbaum. Ich träumte, ich wäre mit Alì in die kühlen Zweige hinaufgeklettert. Oder ich läge auf der Matratze, abends, wo ich Hodans Hand hielt. Ich hatte nicht mal das Geld, um sie oder Hooyo anzurufen. Ich konnte nichts tun außer warten. Der Teil meines Hirns, der wachsam blieb, warnte mich, dass ich langsam den Kontakt zu mir verlor. Ich ließ mich gehen, hatte keine Kraft mehr. Manchmal war mir alles egal, ich wollte einfach auf dem Boden sitzen bleiben, für immer.

Dann träumte ich von köstlichen Mahlzeiten, Tag und Nacht. Vom Hotelfrühstück in Peking. Es gab alles, Fruchtsäfte, Rühreier mit Speck, Würstchen, Bohnen, Pilze, Tomaten, Kaffee, Tee, Cappuccino, Kakao, Croissants, Honigkekse, Toast, Schinken, Käse. Und ich wurde bedient. Jeden Tag träumte ich vom Essen. Und ich hatte damals noch nicht einmal alles probiert. Zwei Wochen war ich dort gewesen, geschlagene zwei Wochen. Ich musste wahnsinnig gewesen sein.

Bis endlich Hodans Geld kam. Endlich ging es weiter, ich konnte Kufra verlassen.

Aber dann sah ich, was eine Woche lang mein Zuhause sein würde.

Ein Container ohne Fenster, nur ein kleiner Luftschlitz im Dach. Ich würde ihn mit zweihundertzwanzig Personen teilen müssen. Wortlos, genauso dahinschwindend wie die Lumpen, die wir am Leib trugen, stiegen wir ein.

Der Container war wie eine Gaskammer. Er heizte sich in der Sonne so auf, dass nach ein paar Stunden alles zu heißem Dampf wurde. Urin, Fäkalien, Erbrochenes, Schweiß. Eine Pestwolke, die einem den Atem raubte.

Während der ersten halben Stunde blieben wir aufrecht stehen, als müssten wir gleich wieder aussteigen: Wir wussten nicht, wie wir uns verhalten, was wir tun sollten. Dann setzten wir uns hin und begriffen schnell, dass wir uns einen anderen Rücken suchen mussten, wenn wir uns anlehnen wollten. Die Metallplatten der Wände waren glühend heiß, also drängten wir uns alle in der Mitte zusammen, um der Hitze zu entkommen. Sie war einfach überall, nahm uns die Luft, löschte unsere Gedanken aus.

Wenn wir als Kinder krank waren, machte Hooyo in einem großen Topf Wasser mit Minze und Rosmarin heiß. Dann steckte sie uns unter ein Tuch und zwang uns, stundenlang den Kopf über den Dampf zu halten, damit unsere Nasen und Köpfe wieder frei wurden. Zum Schluss waren wir klatschnass, alle Poren waren weit geöffnet. Im Container war es tausend Mal schlimmer. Es war, wie direkt in einem Topf mit kochendem Wasser zu sitzen. Selbst der Boden brannte wie Feuer. Wir versuchten, die Knie anzuziehen und die Schuhe, wer noch welche hatte, auf dem Metall abzustellen. Aber man konnte nicht stundenlang reglos sitzen bleiben, und deshalb streckten wir abwechselnd die Beine aus. Das war so erleichternd, dass wir uns die Schenkel dabei verbrannten. Rohes, blutendes Fleisch.

Man konnte nur überleben, wenn man hin und wieder auf die anderen draufkletterte und die Nase durch den Schlitz im Dach steckte. Nach zwei Stunden fast ohne Sauerstoff verlor man das Bewusstsein, aber vorher kamen die Halluzinationen. Hilflos ausgelieferte Tahrib, die wir waren, redeten wir mit Menschen, die es nur in unserer Vorstellung gab, wir brüllten Menschen an, die nur wir hörten.

Im Container verstand man, was Wahnsinn bedeutete. Es war egal, ob du Mann oder Frau warst. Ein Häufchen Elend warst du, das ums Überleben flehte. Deine Religion spielte keine Rolle mehr. So eng an die anderen gepresst, schützte kein Schleier deine Scham, deine Ehre. Nur noch ein Körper unter vielen warst du, den du selbst nur noch an ein paar Merkmalen wiedererkanntest. Dem Muttermal auf deinem Oberschenkel. Den krummen Fußzehen. Der Narbe auf dem Bauch. Das warst du. Aber irgendwie auch nicht, aufgelöst in den Ausdünstungen der anderen Leiber. Wenn der Fremde neben dir seinen Darm entleeren musste oder du selbst, wenn du tagelang diesen abscheulichen Gestank atmetest, nichts zu essen und nichts zu trinken bekamst, dann vergaßt du, wer du am Anfang der Reise gewesen warst. Durch meinen Kopf geisterte das Bild meiner Mutter, die an Hodans Hochzeitstag mein Gesicht in ihre Hände nimmt und sagt: »Du bist wunderschön, mein Kind. Die Schönste in der ganzen Familie.« Meine Verlegenheit unter all den bunten Schleiern, dem weißen Hidschab, der meine Schultern bedeckte. Das erste Mal, dass ich mich wie eine Frau fühlte und besonders.

Vielleicht war ich niemand mehr. Vielleicht war ich schon immer aus dem Stoff, aus dem die Träume sind.

Am dritten Tag starb ein Somalier, er war etwa vierzig Jahre alt gewesen. Die Frau neben ihm bemerkte es, wer weiß, wie lange er da schon tot war. Zwei Tage lang hatte sie versucht, ihm Wasser einzuflößen, irgendwo war eine Flasche aufgetaucht, aber er konnte schon nicht mehr schlucken.

Er war nur einen halben Tag in Kufra gewesen, hatte schon das Geld bis Tripolis bei sich gehabt. Bestimmt war es ihm da schon nicht gut gegangen, und er wollte so schnell wie möglich in die Stadt kommen. Der Sand, den er in der Wüste geschluckt hatte, hatte ihm den Hals ausgetrocknet. Er hatte einen dicken Pfropfen gebildet, durch den das Wasser nicht mehr dringen konnte.

Er war erstickt. Als die Nachricht im Container die Runde gemacht hatte, wie immer von Ohr zu Ohr, sprachen wir das Totengebet. Jeder in seiner Sprache. Wir begleiteten diesen Mann, dessen Namen wir nicht einmal kannten, auf seiner letzten Reise.

Als wir abends zum Übernachten anhielten, schaufelten wir ein Loch in den Sand und begruben seinen Körper in der Erde, die ihn so sehnsüchtig erwartete.

Hin und wieder dachte ich an London und die Olympiade, während ich wie ein Sack an irgendeinen anderen Körper gelehnt auf dem glühenden Metallboden saß. Das hielt mich am Leben, das Verlangen, meine Beine zu bewegen, die ganze Kraft meiner Muskeln zu spüren. Nur so konnte ich überleben. Ich dachte an den Trainer, den ich in Europa haben würde. Aus irgendeinem Grund dachte ich, es wäre derselbe, den Mo Farah hatte. Ich sah mich in England, bevor ich Helsinki erreichte. Ich nahm meine Zeiten, die Woche um Woche, Tag um Tag besser wurden. Ich sah mich im Finale. Ich sah das Publikum, das stehend applaudierte. Diesmal, weil ich gewonnen hatte.

Aber nein. Statt nach Tripolis brachten sie uns in ein anderes Gefängnis, kurz vor der kleinen Stadt Adschdabiya. Ich wusste nicht mehr, wie oft wir betrogen worden waren. Wer wegwollte, brauchte tausendfünfhundert Dollar, das war sehr viel für Hodan und Omar.

Ich musste endlich ankommen und da wusste ich mir nicht mehr anders zu helfen. Ich rief Hooyo an, und bat sie um Geld, gestand ihr, dass ich mich auf die Reise gemacht hatte, log sie an, alles liefe prächtig. Wir haben nur eine Minute, sagte ich, bitte wein nicht, alles wird gut, ich bin glücklich und kann sogar trainieren. Bald bin ich bei Hodan. Ich glaubte es schon selbst nicht mehr. Seit Addis Abeba waren fünf Monate vergangen, nichts schien mir mehr möglich.

Im Gefängnis von Adschdabiya wurden wir besser behandelt als in Kufra, aber zwei Gefängnisaufseher stahlen mir siebenhundertfünfzig Dollar. Man gab das Geld den Aufsehern, nicht den Schleppern. Sie waren es, die dich an den verkauften, der dich zum nächsten Ort brachte. Von mir verlangten sie tausendfünfhundert Dollar, von anderen wollten sie nur siebenhundertfünfzig. Da war nichts zu machen. Wenn ich es nicht akzeptiert hätte, hätten sie mir dasselbe angetan wie den anderen allein reisenden Frauen, wie Taliya.

Mir blieb nichts anderes übrig als zu warten.

Warten, beten und lesen. Im Gefängnis gab es Briefe.

Arabische, somalische, äthiopische und englische Briefe, wer weiß, warum sie dort herumlagen, sich jahrelang in einer Ecke angesammelt hatten. Briefe von Gefangenen oder ihren Verwandten. Vielleicht hatten die Wärter nicht den Mut, sie wegzuwerfen, weil es die Erinnerungen Verstorbener waren. Ihr Leben steckte darin. Und während ich sie las, fand ich, was in mir nicht mehr war. Das Leben. Erinnerungen. Liebe. Versprechungen. Mut. Hoffnung. In den Briefen eines Mannes an seine Frau. Er hatte ihr jeden Morgen geschrieben, bei Sonnenaufgang. In den verträumten Worten einer jungen Frau an ihren zweijährigen Sohn, der in Somalia zurückgeblieben war. In den Notizen eines Jungen, der seinen Vater und seine Mutter um Mut bat.

Botschaften, die die Empfänger nie erreichten. Verwaiste Worte, die nie zugestellt wurden. Mir gefiel der Gedanke, dass sie für mich dort lagen.

Zwei Monate lang tat ich nichts außer lesen und schlafen. Ich hatte nicht einmal mehr die Kraft, ans Training zu denken. Aber wenn die Absender dieser vergilbten Briefe die Kraft gehabt hatten zu schreiben, konnte ich es auch schaffen. Wieder und wieder las ich ihre Worte, lernte meine Lieblingsstellen auswendig.

Es gab auch eine Internetverbindung. Ich lieh mir ein paar Münzen von Abdullahi, einem jungen Somalier, mit dem ich mich angefreundet hatte, und schrieb Hodan ab und zu. Die folgenden Tage überstand ich in der Erwartung ihrer Antwort. Dann schrieb sie mir, dass es ihr gut gehe, dass sie sich unbändig darauf freue, mich bald zu sehen. Vergiss nicht, bald hast du es überstanden, schrieb sie mir.

Wenn ich auf meiner harten Matte lag und die Zecken mich quälten, fragte ich mich, warum ich das alles ertragen musste. Ich wollte doch nur laufen, meiner Begabung folgen, tun, was ich am besten konnte. War es das wert, durch eine solche Hölle zu gehen? Nein. Niemand auf dieser Welt dürfte jemals solche Qualen erleiden.

Abdullahi und ich trafen uns manchmal, um miteinander zu reden oder zusammen zu essen. Wir vertrauten uns einander an. Seine Frau war in Mogadischu geblieben, und er wollte ihr jeden Monat ein bisschen Geld schicken, sobald er in Italien wäre. Anfangs glaubte Abdullahi mir meine Geschichte nicht, dachte, ich hätte alles nur erfunden. Er erinnerte sich an Peking, seine Frau hatte ihm damals von einer somalischen Läuferin erzählt, aber wie sollte eine Olympia-Teilnehmerin auf einer verwanzten Matte in der libyschen Wüste gelandet sein? Unvorstellbar.

Eines Abends, die Wärter hatten gerade das Essen gebracht und waren dann verschwunden, kam Abdullahi in meine Zelle. Die Wärter hatten vergessen, das Tor abzuschließen, und er und zwei andere Somalier hatten sich zur Flucht entschlossen. »Willst du mitkommen?«, fragte er mich.

Sie wollten in der Nacht bis nach Adschdabiya laufen. Am nächsten Morgen würden sie dann schon eine Möglichkeit finden, nach Tripolis zu kommen. Sie konnten es schaffen. Aber wenn sie entdeckt würden, würde man sie umbringen. Ich musste mich schnell entscheiden, es blieben nur zwei Stunden Zeit. Und ich durfte mit niemandem darüber sprechen.

Fünf Monate zuvor hätte ich Ja gesagt. Doch nun sagte ich Nein. Aabe wäre bestimmt zufrieden mit mir gewesen. Ich blieb und wartete auf das Geld von Hodan und Hooyo.

Zwei Stunden später machten sie sich auf den Weg. Ich hörte nie mehr von ihnen.

Endlich kam das Geld. Bevor es weiterging, gab ich die Briefe einer verzweifelten jungen Somalierin, die gerade angekommen war.

»Lies sie«, sagte ich, »sie können dir das Leben retten.«

Sie hatten dort herumgelegen, und keiner hatte sie beachtet. Ich hatte ihnen mein Leben zu verdanken. Ohne die Briefe hätte ich diese Zeit nicht überstanden.

Mit neun weiteren Flüchtlingen wurde ich in einen Lkw-Anhänger mit Maissäcken verfrachtet. Es war der bequemste Teil der Reise.

In Sirte machten wir einen Zwischenstopp von zwei Tagen und warteten auf andere Tahrib. Die ganze Zeit schliefen wir im Anhänger. Dann fuhren wir weiter.

Eine Woche später war ich endlich in Tripolis.

Es war der 15. Dezember 2011. Genau fünf Monate nach meiner Abreise aus Addis Abeba. Ein Jahr war es nun her, seit ich Mogadischu verlassen hatte.

Ich war frei.

Als wir die Geräusche der Stadt hörten, mussten wir weinen. Zehn stumm weinende Schatten in einem Lkw-Anhänger. Zehn Schatten, die sich ihrer Tränen schämten. Aber diese Tränen vereinten uns. Wenn man miteinander weinte, passierte das. Diese neun weinenden Gesichter würde ich immer in mir tragen. Immer würden sie meine Brüder sein und ich ihre Schwester.

Mir fiel auf, dass ich seit Monaten nicht mehr geweint hatte. Die Wüste hatte alles ausgetrocknet, auch meine Tränen, meine Spucke. Hatte alles ausgedörrt.

Der Lkw hielt auf einem großen Platz, und als wir aussteigen sollten, fühlte ich mich leicht wie Luft. Ich konnte mich kaum auf den Beinen halten, aber mein Hirn fing wie durch ein Wunder wieder an zu arbeiten.

Die Sonne ging gerade unter, die Kebab- und Süßwarenbuden schlossen. Zehn mit Sand bedeckte Gespenster, verdreckt und stinkend wie Schweine, standen mitten auf dem Platz. Zehn Gespenster unter libyschen Bürgern. Wir standen da und atmeten die Abgase ein, die mittlerweile Teil unserer Lungen geworden waren.

Wieder waren wir verloren. Und ausgehungert.

Nein, wir hatten uns wiedergefunden.

Und ich war frei.

Frei wie der Wind, wie die Wellen des Meeres.

28

Somalier und Äthiopier hausten in einem Dutzend Häuser im Osten der Stadt. Ein dreckiges, kleines Viertel, in dem wir wie die Kanalratten auf die Abfahrt warteten. Trotzdem war die Ankunft in Tripolis vom ersten Moment an eine Befreiung. Die Wüste würde ich mein ganzes Leben nicht mehr wiedersehen, da war ich mir ganz sicher.

Nichts hatte ich mehr gehasst als die Wüste. Wenn man monatelang in der Wüste war, drang sie einem in die Knochen, ins Blut, in den Speichel, man nahm den Sand mit, überallhin, auch unter fließendem Wasser ließ er sich nicht abwaschen, man wurde ihn nicht mehr los. Die Wüste raubte einem die Seele, die Gedanken, das war das Schlimmste. Man musste die Augen schließen und sich Dinge vorstellen, die nicht da waren. Da war nur Sand, so weit das Auge reichte, monatelang. Egal, wohin man schaute, am Tag oder in der Nacht. Immer nur Sand. Das trieb einen zum Wahnsinn.

Bei meiner Ankunft in Tripolis wusste ich, dass es ein Wunder war, es bis hierher geschafft zu haben. Die vergilbten Briefe und der Gedanke an die Olympiade hatten mir geholfen, nicht durchzudrehen. Nur deshalb hatte ich durchgehalten. Und wenn man nach so langer Zeit im Dunkeln das Licht wiedersah, merkte man erst, wie bunt die Welt war. So ging es mir zumindest. Ich merkte, wie bunt die Welt war. Und sie gefiel mir unheimlich gut.

Wieder war die Wohnung winzig. Ich war mit vierzig Frauen aus ganz Afrika untergebracht, in Tripolis trafen alle Flüchtlinge aufeinander. Sie kamen aus Nigeria, dem Kongo, Somalia, Äthiopien, dem Sudan, aus Namibia, Ghana, Togo, von der Elfenbeinküste, aus Biafra, Liberia. Erwachsene, Jugendliche, Kinder, Alte. Alle zusammen und endlich gerettet.

Wir fühlten uns gerettet. Wir hatten die Wüste überlebt, waren in einer Stadt, es gab alles, was man zum Leben brauchte, es war wirklich da, und keiner würde es uns aus der Hand reißen oder uns verprügeln. Wasser, Obst, Essen. Ich wäre bis ans Ende meines Lebens in Tripolis geblieben. Viele von uns dachten das nach der Ankunft, aber auch hier waren wir Tahrib, und die Polizei hasste uns wegen der Vereinbarungen zwischen der libyschen und der italienischen Regierung. Wir würden in unsere Länder zurückgeschickt werden. Wir wussten das.

Aber es kümmerte uns nicht, dass wir schlecht leben mussten. Wir waren bis dorthin gekommen – manche hatten zwei Monate, manche zwei Jahre dafür gebraucht –, jetzt hatten wir nur noch das Ziel im Sinn. Alles andere war ausgelöscht. Für uns Tahrib in Tripolis gab es nur noch das Ziel. Für uns war Tripolis nur eine Zwischenstation, ein schwacher Windhauch, das Rascheln eines Blatts, ein Lidschlag.

Und Tripolis lag am Meer. Genau wie Mogadischu war die Stadt erfüllt vom Duft des Meeres. Und mit ihm kam meine Kraft zurück, meine Lust zu leben und das Leben zu genießen. Aber auch in Tripolis konnte ich nicht ans Meer gehen. Auch hier hätten sie mich eingesperrt, wenn sie mich erwischt hätten. Ich musste noch warten, warten auf Italien.

Und weil es wieder etwas zu essen gab, kam auch die Freude zurück, in Gesellschaft zu sein, füreinander zu kochen, von sich zu erzählen, sich gegenseitig die Zukunft auszumalen. Miteinander zu reden. Worte retten einem das Leben. Und die Wörter, die am häufigsten ausgesprochen wurden, von jeder der Frauen durch ihren eigenen Akzent entstellt, waren »Italien« und »Lampedusa«.

Nie zuvor im Leben hatte ich es so geliebt zu reden wie während der Monate in Tripolis. Wir schlossen uns nach unseren Heimatländern zu Gruppen zusammen und spielten Karten, stritten über die Regeln. Wir lernten ein paar Wörter in den Sprachen der anderen. Erzählten von unseren Familien, von unserem Zuhause, unseren Eltern, Geschwistern, von unseren Lieben. Von unseren Lieblingsgerichten.

Oft fragten wir uns, was wir in Europa wohl Schreckliches essen müssten. Wie die Leute sein würden. Wie würden unsere Wohnungen aussehen? Die Küchen? Würden wir Badezimmer mit Wannen oder Duschkabinen haben? Teppichboden oder Parkett? Und was für Berufe würden wir haben? Ich würde Athletin werden. Manche träumten davon, Anwältin zu werden oder Lehrerin, Krankenschwester oder Kinderärztin. Andere wollten eine Familie gründen und sich um Haus und Kinder kümmern. Mit unseren Plänen leisteten wir einander Gesellschaft. Und dachten auch an das Praktische. Die Abreise. Zum letzten Mal.

Auch für die Überquerung des Meeres war es dieselbe Prozedur wie immer. Wie immer besorgte man sich das Geld und wartete. Wie immer musste man sich für eine sofortige Abreise bereithalten. Auch auf dem Meer musste man auf alles gefasst sein, das wusste man, dachte aber nicht darüber nach. Man dachte nur an das Ziel. Wenn alles gut ging, wäre man zwei Tage später in Lampedusa, höchstens zweieinhalb. Aber das Meer war eine größere Hürde als die Sahara, warnten die Schlepper.

Ich war mit zwei anderen somalischen Frauen zu ihnen gegangen.

»Was du bis jetzt überstanden hast, ist gar nichts verglichen mit dem, was vor dir liegt. Dagegen ist die Sahara ein Spaziergang«, sagten sie.

Wir glaubten ihnen nicht. Weil es nicht sein konnte. Was ich bis dahin überstanden hatte, war die Hölle, es konnte nichts Schlimmeres geben. Und das Meer, mein Meer, konnte mir gar nicht wehtun. Unmöglich. Schließlich waren wir seit fast zwanzig Jahren miteinander verabredet. Das wussten wir beide. In Italien würden wir uns endlich wiederfinden. Sobald ich ankäme, würde ich mich als Allererstes in die Fluten stürzen. Die endlose, wohlige Weite genießen.

Für uns Tahrib waren die Boote schillernde Luxusjachten aus feinstem Gold. Tatsächlich waren sie schrottreife, rostige Wracks. Die Gewalt des Meeres konnte sie jederzeit in die Tiefe reißen. Aber wenn sie nicht Schiffbruch erlitten, kamen die Schlepper von der Route ab, weil die verdammten Navigationssysteme ausfielen oder falsche Koordinaten anzeigten. Oder das Benzin war leer, unvorstellbar, aber das kam vor, manchmal berechneten sie die Menge falsch oder fuhren aus Versehen einen Umweg und blieben dann liegen. Man musste auf alles gefasst sein, aber dachte nicht darüber nach, man dachte nur noch an das Ziel.

Man wartete wochen-, monatelang, aber wenn es dann so weit war, war man trotzdem unvorbereitet. Immer. Man konnte sich nicht vorbereiten, ich kannte keinen, der vorbereitet gewesen wäre. Nicht wegen der Sachen, das bisschen hatte man immer griffbereit. Es ging darum, im Kopf vorbereitet zu sein. Vorbereitet darauf, dass es das Ende der Reise wäre.

Man wusste nicht, wann es losging. Meistens nachts, aber man konnte sich dessen nie sicher sein, es hing von der Strategie der einzelnen Schlepper ab. Manche legten mitten in der Nacht ab, damit sie bei Tagesanbruch auf hoher See waren. Manche nachmittags, damit sie im Hellen fahren konnten. Manche frühmorgens, damit sie in der Dämmerung die afrikanische Küste schon weit hinter sich gelassen hatten und nicht so leicht entdeckt würden. Ich hoffte, wir würden nachmittags ablegen, es schien mir der ruhigste Moment für die Abreise.

Ich platzte fast vor Aufregung. Hodan hatte gesagt, sie würde bald das Geld an die genannte Adresse schicken, eintausendundzweihundert Dollar. Ich hielt es kaum noch aus.

Es dauerte keinen Monat. Keine Ahnung, woher Hodan das Geld nahm, es interessierte mich nicht. Wenn wir wieder zusammen wären, würde ich sie auch das fragen.

Wenige Tage später war es dann so weit. Am 12. Januar 2012 wurde ich um vier Uhr morgens geweckt. Ein kaum zehn Meter langes Schlauchboot erwartete uns Flüchtlinge. Wir waren etwa siebzig Leute. Schweigend nahmen wir unsere Plätze ein. Ich saß am Heck bei den Schleppern, ganz am Rand, weil ich so dünn war und mich zwischen zwei nigerianische Burschen gequetscht hatte, deren Arme so dick waren wie meine Beine. Es waren noch zwei Stunden bis Sonnenaufgang, und wir waren so aufgeregt, dass man die Spannung in der Luft förmlich riechen konnte. Doch meine Freude über die Nähe zum Meer währte nur kurz. Kaum hatten wir abgelegt, lief das Schlauchboot schon mit Wasser voll. Die Schlepper fluchten auf Arabisch und fuhren noch eine ganze Weile weiter. Doch dann wendeten sie. Ende der Fahrt, Ende der Träume und Hoffnungen.

»Gut, dass wir es so schnell gemerkt haben, so nah an der Küste. Weiter draußen wären wir untergegangen. Alle ertrunken«, bemerkten sie.

Drei Stunden hatte die Fahrt gedauert. Dann waren wir wieder in Tripolis.

Und keiner gab uns das Geld zurück.

29

Seit mehr als drei Monaten warte ich jetzt hier in Tripolis. Es ist der 31. März 2012. In vier Monaten ist die Eröffnungsfeier der Olympischen Spiele in London, und ich weiß, dass ich es noch schaffen kann.

Kurz nach meiner Rückkehr in die Wohnung am Stadtrand ist ein neues Mädchen angekommen, Nigist, eine Äthiopierin. Wie alle Neuankömmlinge war sie verschreckt, aber auch euphorisch, denn sie hatte das Monster Sahara besiegt und keine Angst gehabt. Wir sind Freundinnen geworden. Sie ist wie ich, so alt wie ich, hat meine Statur. Ich finde, wir sehen uns ähnlich, auch wenn sie sagt, ich sei hübscher als sie. Aber das stimmt nicht, sie ist die Hübschere von uns beiden. Ich habe ihr einen Platz neben meiner Matte verschafft, wollte nicht, dass sie in die Fänge von einem dieser bösartigen Weiber gerät, denen die Reise geschadet, denen sie das Herz hart gemacht hat.

Nigist habe ich meine Geschichte erzählt, immer aufs Neue. Sie hat mich wiedererkannt. Sie hat mich bei den Olympischen Spielen in China im Fernsehen gesehen, fast vier Jahre ist das jetzt her, und seitdem, so sagt sie, hat sie mein Gesicht nicht mehr vergessen, mein sanftes, strahlendes Lächeln.

Zuerst konnte sie es gar nicht glauben, genau wie Abdullahi. Dass ich hier bin, eine Tahrib wie sie und die anderen. Ein Flüchtling. Als sie mich gefragt hat, ob ich die Läuferin aus Somalia sei, war ich ihr dankbar wie nie jemandem zuvor. Nigist hat mir das Leben zurückgegeben, deshalb habe ich beschlossen, sie zu beschützen. Wenn sie mich nicht erkannt hätte, hätte ich vergessen, wer ich bin. Es ist zu viel Zeit vergangen, seit ich das letzte Mal in den Spiegel geschaut habe. Und ich will das auch gar nicht mehr. Wenn ich meinem Spiegelbild irgendwo begegne, wende ich den Blick ab. Achteinhalb Monate habe ich mein Gesicht nicht mehr gesehen, nur noch in den Reaktionen der anderen, die mich ansehen.

Deshalb werde ich Nigist immer dankbar sein. Und deshalb erzähle ich ihr meine Geschichte so gerne. Wie oft wir wohl immer wieder über dasselbe gesprochen haben, zwanzig, dreißig Mal? Vielleicht sogar öfter. Immer stellt sie dieselben Fragen, manchmal auch neue, und wir wundern uns, dass wir immer an denselben Stellen lachen müssen. Wie ich nachts im Koonis-Stadion trainierte und mit meiner Stimme das Publikum nachmachte. *Aaaaarrghhhh*, atmete ich laut aus und ahmte so das Raunen einer Menschenmenge nach. Wie Alì in die große Dreckpfütze fiel beim ersten Wettkampf, den ich gewann. Wie ich einem Journalisten nach dem Lauf in China sagte, dass ich glücklicher wäre, die Leute hätten applaudiert, weil ich Erste geworden wäre und nicht Letzte, und der anfing zu lachen und nicht mehr aufhören konnte, vor laufenden Fernsehkameras. Wie Abdi wirklich glaubte, das Aquarium sei Zauberei, und ich das bestätigte und er darauf reinfiel. Und der Eukalyptusbaum. Alì, der ganz nach oben kletterte und erst völlig ausgehungert wieder runterkam. Das Äffchen.

Nach dem Schiffbruch musste ich Hodan und Hooyo wieder anrufen. Aber es wird das letzte Mal gewesen sein, dass ich Geld verlange. Dieses Mal werde ich es schaffen, endlich.

Wieder habe ich bezahlt und warte zusammen mit Nigist darauf, dass sie mich abholen. Wenn du bezahlt hast, wartest du nur noch darauf, dass sie dich abholen. Es ist jedes Mal dasselbe.

Aber dieses Mal weiß ich es schon vorher: Schon heute Abend, in drei Stunden, geht es los. Sie haben ein bisschen früher Bescheid gegeben, weil es ein großes Boot ist, sagen sie, und wir viele sind. Meine letzten drei Stunden als Tahrib.

Ich bin jetzt ans Abreisen gewöhnt. In den gut acht Monaten bin ich mindestens sieben oder acht Mal abgereist. Es sind immer dieselben drei Dinge, die ich mitnehme: Aabes Stirnband, Hooyos Tuch mit der Muschel, das Bild von Mo Farah.

Von Nigist werde ich mich erst verabschieden, wenn es so weit ist. Auf der Reise tut man nichts, bevor es nicht so weit ist. Vergangenes, Zukünftiges, das spielt alles keine Rolle, außer in ganz bestimmten Augenblicken, in denen man es zum Überleben braucht. Wir werden uns sowieso wiedersehen, das haben wir schon ausgemacht. Sie wird auch in Helsinki leben, und wir wollen eine Gemeinschaft für Frauen vom Horn von Afrika gründen. An einem so fernen und so kalten Ort die Farben unserer Heimatländer aufleben lassen. Ich mag Nigist sehr gerne, bis zu unserem Wiedersehen werde ich sie vermissen.

Gestern Abend habe ich mit Hodan geskypt, Mannaar war auch dabei. Sie ist jetzt fast vier und sieht so aus wie ich.

Wenn Kinder noch sehr klein sind, etwa zwei, drei Jahre, kann man nur schwer sagen, wie sie sich entwickeln werden. Ihr Aussehen ist nur ein Entwurf, es kann sich noch stark verändern. Aber mit vier Jahren ist das vorbei. Dann sieht man schon, wie sie als Erwachsene einmal aussehen werden. Mannaar kommt genau nach ihrer Tante Samia, sie sieht mir ähnlicher als ihrer Mutter.

Hodan hat sie vor einem Jahr im Sportverein angemeldet. Sie hatte recht mit ihrer Vermutung, dass Mannaar eine Athletin sein würde. Mütter wissen alles über ihre Kinder, noch bevor sie überhaupt auf der Welt sind. Mannaar hat Talent zum Laufen, sie ist in ihrer Gruppe die Beste. Die ersten zwei Wettkämpfe hat sie schon gewonnen. Ihre Beinchen müssen noch so kurz sein. Und sie ist schon so schnell damit.

Ich bin ihr Idol, hat Hodan erzählt. Eins ihrer ersten Wörter war »Tata Samia«, Tante Samia. Mein Bild, ein Zeitungsausschnitt von der Olympiade, hängt neben ihrem Bett, genau wie Mo Farah neben meinem gehangen hat.

Jedes Mal wenn wir skypen kann ich kaum glauben, wie ähnlich wir einander sind. Wir gleichen uns wie ein Ei dem anderen. Aber es ist nicht nur das Aussehen. Wenn ich sehe, wie sie spricht, wie sie sich bewegt, habe ich das Gefühl, ich sehe mich in Miniaturausgabe.

»Du musst bald kommen«, hat Mannaar gestern Abend gesagt. »Tante Samia …«, dann hat sie eine Pause gemacht, »… sonst kommen die Monster … Sag nicht, dass du Angst hast.«

Hodan und ich mussten laut lachen.

»Nein, kleine Mannaar, ich habe keine Angst. Niemals«, sagte ich.

Heute Abend geht es los, endlich.

Es ist an der Zeit abzureisen, an der Zeit anzukommen. Ich bin das ewige Warten leid. Und Tante Mariam, eine ältere Schwester von Aabe, die ich zufällig hier in Tripolis beim Wasserholen getroffen habe, wird auch dabei sein. Einen Monat hat sie ganz in meiner Nähe gewohnt, ohne dass ich es wusste.

Auch sie ist während der Reise dreimal im Gefängnis gelandet, auch sie ist müde und braucht einen Ort, an dem kein Krieg herrscht, einen Ort, von dem man nicht mehr fliehen muss.

Heute Abend geht es los, und bald werden wir Frieden finden.

Wir werden Frieden finden.

30

Das Boot ist groß, viel größer, als ich es mir je vorgestellt hätte. Es ist ein richtiges Schiff, das andere war ein Schlauchboot.

Wir sind viele, Männer, Frauen, Kinder, Neugeborene, Alte, und wieder wirken wir wie aufgeregte und hoffnungsvolle Schatten. In unseren Augen ist keine Angst, der Blick ist zu weit nach vorne gerichtet, über das Meer hinaus.

Um elf Uhr abends haben wir uns am Hafen getroffen. Auch Tante Mariam ist da. Müde ist sie. Sie kommt in Begleitung einer Freundin, mit der sie aus Mogadischu abgereist ist. Sie haben im Inneren des Bootes ihren Platz gefunden, ich wollte lieber draußen bleiben und mir die Meeresluft um die Nase wehen lassen, die schon ein bisschen nach Europa riecht, nach Italien, nach Freiheit.

Das Meer, endlich das Meer, zum zweiten Mal sehe ich es so nah. Es bewegt sich langsam, behutsam, es erwartet uns.

Alles in allem sind wir ungefähr dreihundert Leute. Wirklich eine ganze Menge. Ein Anblick, den man nicht so schnell vergisst. Schweigende Schatten. In unseren Körpern ein Beben, eine Mischung aus Vorsicht und Hoffnung. Keiner spricht, denn dann müsste man das eine oder andere beim Namen nennen. Und wenn man die Dinge beim Namen nennt, dann existieren sie wirklich. Heute Nacht besser nicht. Heute Nacht bleibt die Vorsicht besser in jedem von uns verschlossen, damit die Hoffnung wachsen kann, vielleicht langsam nur, auf der Fahrt. Erst dann, erst am Ende, dürfen wir jubeln, und das werden wir alle gemeinsam tun. Gemeinsam werden wir weinen und lachen, und es wird herrlich sein. So wie in dem Lkw-Anhänger bei unserer Ankunft in Tripolis.

Aber nicht jetzt, jetzt ist der Augenblick der Stille. Des Gebets.

Sie haben uns gesagt, wir sollen an Bord gehen, und wir sind an Bord gegangen.

Dann sind wir losgefahren. Dieses Mal haben wir die ersten drei Stunden überstanden. Das Schiff gleitet ruhig dahin, stetig. Das Meer ist gefügig, lässt sich gelassen von unserem Bug pflügen. Manche schlafen, andere nicht. Ich blieb, solange es ging, hinten und genoss den Wind, dann wurde es zu kalt und die Nacht zu dunkel. Ich spürte den Wind und sah nach Norden, erwartete das Land der Freiheit.

So verging der erste Tag.

Zu essen haben wir nicht viel, ein wenig Brot und Getreidebrei. Wie immer durften wir nicht viel mit an Bord nehmen. Auch kein Wasser. Nach eineinhalb Tagen ist schon keins mehr da. Manche versuchen, sich zu beschweren, manche fluchen laut auf die Schlepper, doch das sind nur leere Drohungen, sie nützen nichts, sie füllen lediglich die Minuten mit vorhersehbaren Gesten, die irgendjemand gewohnheitsmäßig ausführen muss.

Nach zwei Tagen bleibt nur noch das abgestandene Wasser vom Boden der Fässer. Nach der Erfahrung mit dem Fieber, das ich mir in Khartoum geholt hatte, würde ich es nie trinken, aber die anderen werden nicht davon krank, also trinke ich auch. Es ist widerlich, schmeckt nach Rost und Urin. Ich finde einen kleinen Behälter und bringe auch Tante Mariam ein wenig, sicher ist sie durstig.

»Es ist ekelhaft«, sage ich. »Aber es ist alles, was es gibt.«

So durstig ist sie, die Anspannung der Reise hat ihr den Mund ausgetrocknet, sie trinkt es in einem Zug aus.

»Danke, mein Liebes«, antwortet sie mit schwacher Stimme.

Seit sie an Bord gegangen sind, sitzen sie und ihre Freundin reglos auf ihren Plätzen. Sie schlafen, beten und essen, was die Schlepper uns zukommen lassen. Sie sitzen da und starren auf die endlose Weite, die uns von der Freiheit trennt. Ich hole auch für ihre Freundin etwas Wasser.

Dann versuche ich, ein wenig zu schlafen, draußen in der Sonne, tagsüber, weil ich nachts lieber wach bleibe und zu den Sternen schaue. Höchstens zwei Stunden ruhe ich, ich bin viel zu aufgeregt, das Meer erfüllt mich mit einer Energie, wie ich sie noch nie gespürt habe. Seit meiner Kindheit warte ich darauf, seit ich mit Alì und Hodan hingelaufen bin, um es anzusehen, das Meer. Ich habe zu lange darauf gewartet.

Ich bleibe allein, rede mit niemandem. Da kommt plötzlich ein Mädchen auf mich zu, hat Lust, ein wenig zu plaudern.

»Bist du Somalierin?«, fragt sie.

Das Gleiche, was ich damals Taliya gefragt hatte. Ich tue so, als würde ich nichts hören.

»Bist du Somalierin?«, wiederholt sie. Ich drehe mich zu ihr, nicke und gebe ihr zu verstehen, dass ich nicht reden will. Ich will alleine sein mit dem Meer, mit der Zukunft. Nur wir drei, wie ich, Hodan und Alì, als wir klein waren.

Dann ist es passiert.

Schon wieder. Ich kann nicht glauben, dass es wieder passiert, aber so ist es.

Iblis, der Dämon, muss seine Finger im Spiel haben, denn das Boot havariert. Mitten am dritten Tag. Möge scheffelweise derart stinkende Büffelscheiße auf euch niederprasseln, dass ihr den Gestank nie wieder loswerdet.

Erst fahren wir langsam, dann bleiben wir stehen. Ich kann es nicht fassen, wir können nicht mehr weit von der Küste entfernt sein. Aber wir bleiben stehen. Ungefähr fünfzehn Stunden lang.

Wenn du seit so vielen Monaten unterwegs und nur einen Schritt vom Ziel entfernt bist, sind fünfzehn Stunden endlos. Fünfzehn Stunden sind bei meinem Adrenalinspiegel so lange, dass ich nicht einmal darüber nachdenken kann. Ich fühle mich, als würde ich am Ende eines Wettlaufs, wenn nur noch der letzte lange Schritt über die Ziellinie fehlt, an einer unsichtbaren Wand abprallen.

Einige verlieren die Nerven. Andere rufen Allah an. Die Schlepper kommen auf die Brücke und sorgen mit Stöcken für Ruhe. Ruhe, Hawaian!

»Wenn ihr hier rumbrüllt, kommen wir bestimmt nicht nach Italien«, sagen sie.

Nach fünfzehn Stunden kommt endlich das italienische Boot.

Alle fangen an zu winken, zu springen, zu singen, zu jubeln, herumzuhüpfen, auf und ab, wir laufen alle auf eine Seite, die Seite der Italiener, kollektive, unkontrollierbare Euphorie ergreift uns.

Einige beginnen sogar, über die Reling zu klettern, wollen ins Wasser springen und hinüberschwimmen. Mit dem ganzen Gewicht auf einer Seite, gerät das Boot in Schieflage, kippt fast um. Durch den Lautsprecher brüllt einer der Schlepper, wir sollen an unsere Plätze zurückgehen.

Zögernd weichen die meisten zurück, nur wenige klammern sich weiter an der Reling fest. Zwei hängen schon mit den Beinen in der Luft, bereit zum Sprung.

Dann, langsam, begreifen wir. Wir werden gar nicht abgeschleppt.

Stimmen werden laut, dass sie uns nie nach Italien in Sicherheit bringen werden. Eine Stunde lang schaukeln die Boote in zirka fünfzig Metern Entfernung auf den Wellen nebeneinanderher, der italienische Kapitän spricht über Funk mit den Schleppern.

Dann schlängelt sich die Nachricht von Ohr zu Ohr: Sie bringen uns zurück. Holen die italienische Polizei und bringen uns zurück nach Tripolis. Oder sogar nach Kufra. Manche von uns kriegen Angst. Andere sind am Ende.

Plötzlich brüllt einer aus vollem Leib: »Neiiiin, ihr Bastaaaaarde!«, als könnte seine Stimme bis zu dem italienischen Boot gelangen. Sie verliert sich in den Fluten, die immer wütender aufbrausen.

Andere laufen wieder zur Reling, drohen ganz offensichtlich damit, über Bord zu springen, sie wollen nicht zurück.

Dann wird auf dem italienischen Boot eine Entscheidung getroffen. Der Kapitän gibt den Befehl, vorsorglich Taue ins Meer zu werfen, falls jemand ins Wasser springt.

Die Taue fallen mit dumpfen Platschern ins Wasser, teilen entschlossen die schäumenden, hohen Wellen, die gegen den Rumpf schlagen. Zehn sind es etwa, zehn Taue. Zehn dumpfe Platscher, auf der ganzen Länge des Rumpfs.

Dann geschieht es. Es geschieht, und niemand wird es je wieder ungeschehen machen können.

Aus unserer Nussschale springt ein Mann ins Meer. Ohne Vorankündigung, keiner hat damit gerechnet. Mit einem klatschenden Geräusch – viel lauter, als man es sich vorgestellt hatte – landet er im Wasser.

Alles schwebt, keiner wagt zu atmen. Die Zeit dehnt sich aus in der schwebenden Stille. Warten. Nur noch warten. Dass etwas passiert. Irgendetwas.

Kurz darauf springt noch einer. Jemand schreit ihm hinterher: »Tu's nicht! Die Wellen sind zu hoch, sie fressen dich.«

Viele kommen jetzt in Bewegung, erst jetzt, wachen auf und laufen zur Reling, die Nussschale kippt wieder.

Wieder springt einer.

Ob gleich noch einer springt? Man weiß es nicht, alle blicken sich um. Sie sehen aus wie Fische, geblendet von einer grellen Lampe, tausend Watt, sie reißen die Köpfe herum, nach links, nach rechts.

Dann springt die erste Frau.

Keiner traut seinen Augen, aber im Wasser versuchen vier Menschen verzweifelt, die Taue zu erreichen. Zwei davon schlagen wie wahnsinnig mit den Armen ins Wasser. Die anderen zwei, darunter die Frau, deren Schleier sich mit ihren Bewegungen ausdehnen oder an ihr festkleben, versuchen sich irgendwie über Wasser zu halten, strampeln panisch, sie können nicht schwimmen, das sehen alle.

Die See ist schwer, die Wellen schlagen hoch.

»Kommt zurück!«, schreit jemand.

»Kommt wieder her, seid ihr verrückt geworden?«, brüllt ein anderer.

Seit die vier Körper im Wasser sind, wirken die Wellen noch höher, noch stärker. Auch ich stehe mit den anderen an der Reling und sehe mich nach meiner Tante um, die gerade auf die Brücke gekommen ist.

Dann sehe ich aufs Meer.

Mein Meer.

Sie versteht sofort und kommt auf mich zu.

Vielleicht steht es in meinen Augen oder wer weiß wo, aber sie versteht sofort.

»Nein!«, ist alles, was sie sagt. »*Niiiicht!*«

Aber ich kann sie nicht hören, sehe nur, wie ihre Lippen sich bewegen. Vielleicht antworte ich, vielleicht sage ich »Ich gehe nicht mehr zurück. Nie mehr«, aber ich bin nicht sicher, ob meine Worte wirklich herauskommen.

Dann ist da eine Kraft, die stärker ist als ich. Ich weiß nicht, woher sie kommt, ich weiß gar nichts. Sie packt mich und zerrt mich die Reling hoch.

Tante Mariam versucht, mich zurückzuhalten, reißt an meinem T-Shirt. »Nicht, Samia! Nein!«

Ich schwinge ein Bein hoch.

Dann das andere.

Das Meer liegt vor mir, endlich liegt es vor mir, ich könnte hineinspringen, und keiner kann es verbieten. Zum ersten Mal im Leben könnte ich spüren, wie all das Wasser mich umgibt, könnte darin schwimmen, tun, was ich mir schon immer gewünscht habe.

Ich sitze jetzt auf dem Rand der rostigen Schüssel, sehe auf die Unendlichkeit, aufs Meer hinaus. Ich sehe die Taue. Sehe das Meer.

Ich drehe mich um.

Tante Mariam steht noch hinter mir, ich spüre nichts. Sie reißt weiter an meinem T-Shirt, sie weint, ihre Lippen bewegen sich, sagen Dinge, die ich nicht höre.

Dann geschieht es. Wieder geschieht es.

Diesmal werde ich durch diese Kraft zum Leben erweckt, die von mir Besitz ergriffen hat und sich meiner annehmen will.

Ein weiter Sprung in die Tiefe, so weit, wie jeder Sprung in die Freiheit sein muss.

Das Wasser ist eisig und viel aufgewühlter, als es von oben ausgesehen hat.

Ich durchbreche die Oberfläche und erreiche den tiefsten Punkt, bevor ich wieder nach oben getrieben werde. Ich öffne die Augen. Über mir ist alles voller Luftbläschen. Über meinem Kopf sind sie größer, langsamer, und dann sind da die kleinen, die winzigen, die blitzschnell zum Licht eilen, an die Oberfläche. *Trrr trrr trrr trrrr trrrrr.* Links und rechts von mir die dunklen Umrisse der beiden Boote.

Ein kräftiger Stoß mit den Füßen, und ich schieße nach oben. Wieder an der Luft, suche ich mit den Augen die Taue.

Ich weiß nicht, welches Boot unseres ist und welches das der Italiener. Ich versuche, ruhig zu bleiben, obwohl das Meer mich immer wieder unter seinen Fluten begräbt.

Das Boot der Italiener ist das linke.

Auf und ab geht es, auf und ab. Das Wasser, es wiegt mich, es greift nach mir. Ich mache ein paar kräftige Armzüge, so kräftig ich kann. Ich versuche, mich aufzurichten und auf die Taue zuzuschwimmen.

Die Taue. Ich will die Taue erreichen, sie sind meine Ziellinie.

Ich schlage mit den Armen in die Wellen und singe dabei in meinem Kopf Hodans Lied, unser Lied für die Freiheit. Ich singe es mir vor, während es auf und ab geht, versuche, es laut zu singen, aber ich schaffe es nicht, also wiederhole ich es in Gedanken.

Flieg, Samia, flieg wie das geflügelte Pferd durch die Lüfte …

Träum, Samia, träum wie der Wind, der mit den Blättern spielt …

Lauf, Samia, lauf, als müsstest du nirgends ankommen …

Lebe, Samia, lebe, als wäre alles ein Wunder ...

...

...

...

Dann, endlich, passiert etwas.

Jemand packt mich an der Hand und zieht mich zu dem Tau. Ich weiß nicht, wie, aber dank dieses Menschen, den ich nicht erkennen kann und für den ich unendliche Liebe empfinde, kann ich das Tau packen. Der Kontakt zum Wasser ist leichter, jetzt, in der Waagerechten.

Ich schwimme.

Nein, jemand zieht mich hoch. Ich werde an Bord des italienischen Schiffs gehievt.

... Flieg, Samia, flieg wie das geflügelte Pferd durch die Lüfte ...

Ich atme, endlich, endlich kann ich wieder atmen.

An Bord werde ich ärztlich versorgt.

Ich werde abgetrocknet und warm eingepackt.

Wie gut die Wärme tut, das Meer ist so kalt.

Und bald, ganz bald, nach nur ein paar Stunden Fahrt, sind wir in Lampedusa. In Italien.

Es kann nicht wahr sein, ich bin endlich in Italien.

Ich habe meinen Traum verwirklicht, ich habe es geschafft.

... Träum, Samia, träum wie der Wind, der mit den Blättern spielt ...

In Lampedusa päppeln sie mich auf.

Zwei Tage bleibe ich im Krankenhaus. Ich sage, dass ich zu meinem Trainer nach England muss, und sie lassen mich gehen.

Von Lampedusa fliege ich nach Rom.

Von Rom nach London.

Am Flughafen in Stansted erwartet mich Mo Farah höchstpersönlich mit seinem Trainer.

Sie beschweren sich, dass ich so lange gebraucht habe.

Ich entschuldige mich, wir lachen und gehen zu dritt direkt auf den Sportplatz. Ich habe so viel aufzuholen, ich weiß es, es ist mir bewusst. Ich muss hart arbeiten.

Ich bin schnell wieder drin, mache gute Fortschritte.

Ein paar Wochen später bin ich so stark wie früher, noch viel stärker.

... Lauf, Samia, lauf, als müsstest du nirgends ankommen ...

Um Haaresbreite schaffe ich die Qualifikation für die Olympischen Spiele in London.

Ich bin unbeschreiblich froh. Noch nie war ich so glücklich.

Ich überstehe alle Qualifikationsrunden, und entgegen aller Vorhersagen erreiche ich das Finale.

Das Publikum ist auf meiner Seite.

Die ganze Welt sieht mich auf den Startblöcken, in der vierten Bahn.

Rechts neben mir Veronica Campbell-Brown, links neben mir Florence Griffith-Joyner, die schnellste Frau der Welt.

... Lebe, Samia, lebe, als wäre alles ein Wunder ...

Peng.

Der Startschuss.

Jetzt geht es nur noch ums Laufen.

Samia Yusuf Omar ertrank am 2. April 2012 im Mittelmeer bei dem Versuch, die Taue zu erreichen, die ein italienisches Boot ausgeworfen hatte.

Bei den Olympischen Spielen 2012 in London gewann Mo Farah den 5000- und den 10 000-Meter-Lauf und wurde in England und Somalia zum Nationalhelden.

Das Foto von ihm und Usain Bolt ging um die Welt: der schnellste Langstreckenläufer der Welt und der schnellste Sprinter auf einem Bild.

Mannaar ist fünf Jahre alt und sieht ihrer Tante immer noch zum Verwechseln ähnlich. Sie scheint eines der schnellsten Kinder ihrer Altersgruppe zu sein.

Anmerkung des Autors

Ich war gerade in Lamu, Kenia, als ich am Morgen des 19. August 2012, nach dem Ende der Olympiade in London, im Nachrichtensender Al Jazeera einen kurzen Bericht über Samia Yusuf Omar hörte. Die Geschichte traf mich wie ein Blitz. Ein paar Tage später flog ich nach Italien zurück. Auch in der Zeitung *Pubblico* war über Samia berichtet worden. Allein der Autorin des Artikels, Igiaba Scego, und Zahra Omar – die so viel mehr ist als eine Mittlerin und Dolmetscherin – ist es zu verdanken, dass ich Hodan und Mannaar im eiskalten Februar 2013 in Helsinki treffen konnte. Allein Zahra ist es zu verdanken, dass ich mich mit Hodan in einer Sprache verständigen konnte, die mir sofort wie meine eigene vorkam. Allein Igiaba und Zahra ist es also zu verdanken, dass es dieses Buch gibt.

Ich werde Hodan niemals genug danken können für die ausführlichen Gespräche an diesen endlosen Tagen, für ihre Tränen und ihr Schluchzen und für ihr Lachen, ihre Lieder, dort in dem kleinen Hotelzimmer, dafür dass sie mir den Mut und die Kraft gab, die Geschichte ihrer Schwester zu erzählen. Vielen Dank, dass du mir diese Geschichte anvertraut hast, von der ich hoffentlich zumindest einen kleinen Teil wiedergeben konnte. Und vielen Dank für das köstliche somalische Essen, das du mir ins Hotel gebracht hast, wenn alle Restaurants schon geschlossen hatten.

Auch Mannaar danke ich für die Energie und die Lebenskraft, die sie mir in der gemeinsam verbrachten Zeit geschenkt hat.

Auch bei Nigist, die ihren wahren Namen nicht veröffentlicht sehen will, möchte ich mich bedanken. Sie hat noch immer Angst vor dem, was die libysche Polizei ihr antun könnte, wenn sie entdeckt würde. Ich möchte ihr dafür danken, dass sie mir von ihren langen Gesprächen mit Samia erzählt hat, die sie während der dreißig Tage ihres Zusammenlebens in Tripolis miteinander führten.

Danksagung

Dieses Buch ist das Ergebnis der Zusammenarbeit vieler Menschen, die auf verschiedene Weise dazu beigetragen haben, dass ich es schreiben konnte, oder die es besser gemacht haben, als es schon geschrieben war; oder mir, noch davor, die Kraft gaben, es überhaupt zu schreiben.

Zuallererst möchte ich meinen Eltern danken, die immer für mich da sind und mir auch in den schwierigsten Momenten – jenen, in denen man nicht weiß, welchen Weg man nehmen soll – ein Anker sind. Ich danke *nonna* Michelina; ich weiß, dass sie mich von dort, wo sie ist, sehen kann und mir zulächelt, während ich hier auf der Tastatur herumtippe. Mein großer Dank gilt dem Verlag Feltrinelli. Ich danke Carlo Feltrinelli, der das Projekt sofort ins Herz geschlossen hat. Ich danke Gianluca Foglia, der es in die Tat umgesetzt sehen wollte und sich seiner so sehr angenommen hat. Ich danke Alberto Rollo, der dazu beigetragen hat, in mir einen Raum der Empfindsamkeit für Samias Stimme zu entwickeln, und der mir als Erster gesagt hat, wie schön dies ist. Alessandro Monti danke ich für die aufmerksamen und tiefschürfenden Worte nach der Lektüre. Auch Giovanna Salvia danke ich für die kostbare Arbeit am Text sowie Chiara Cardelli und Bettina Cristiani, die so viele Sachen aufgespürt haben, die noch nicht funktionierten. Ich danke Theo Collier und Bianca Dinapoli, die so vielen Menschen auf der ganzen Welt von dieser Geschichte erzählt haben. Ich danke Alberto Schiavone, weil er einer der Ersten war, dem ich dieses Buch zum Lesen geben wollte. Danken möchte ich auch Francesca Cappennani, Annalisa Laborai, Silvia Cassoni, Benedetta Bellisario, Rossella Fancoli, Francesco Lopez und Ludovica Piccardo und Agnese Radaelli von der Aktion *Il Razzismo è una brutta storia* (Rassismus ist eine schlimme Geschichte) für ihre Bereitschaft, die erste Fassung zu lesen, und für die Begeisterung, die sie an mich weitergaben. Ich danke Andrea Vigentini und Salvatore Panaccione für ihre Worte, ihren unermüdlichen Rat. Ich danke Rodolfo Montuoro für die Unterstützung und die Kraft zu jeder Zeit. Ich danke Rosie Ficocelli für ihre Genauigkeit bei der Lektüre von jeder Fassung. Ich danke Raf Scelsi, der mir sein Ohr geschenkt hat, wenn ich nicht mehr weiterwusste. Ich danke Giulia Romano, die so oft mit mir geplaudert hat. Ich danke Gomma für den Mut, den er mir ununterbrochen aus der Ferne geschenkt hat.

Besonders möchte ich mich bei meinem Agenten Roberto Santachiara bedanken, meiner großen Stütze, der zweite Mensch, mit dem ich überhaupt über diese Geschichte gesprochen habe. Ich danke ihm dafür, dass er mich sofort ermutigt hat, sie aufzuschreiben.

Ein besonderer Dank auch an Roberto Saviano, der mir in einem sehr schwierigen Moment gesagt hat: »Hör auf mich und schreib weiter.«

Und noch einmal danke ich Igiaba Scego, die alles angestoßen hat.

Auch Francesco Polimanti möchte ich für seine Sensibilität und Offenheit während der Vorlesung über Samias Geschichte danken, die ich im Oktober 2013 an der University of Miami gehalten habe.

Mein Dank gilt auch derjenigen, die immer für mich da ist: meine Schwester Nicoletta.

Abschließend danke ich dir, Chiara: ohne an dieser Stelle allzu viel davon preiszugeben, wie sehr du mir geholfen hast – davor, währenddessen und danach.

»Picoult ist eine geborene Erzählerin, die niemanden unberührt lässt.« *Boston Globe*

Sage Singer ist eine junge, leidenschaftliche Bäckerin. Als sie den allseits beliebten pensionierten Lehrer Josef Weber kennenlernt, entwickelt sich trotz des großen Altersunterschieds eine enge Freundschaft zwischen ihnen. Doch als Josef ihr eines Tages ein lange vergrabenes, schreckliches Geheimnis verrät, bittet er Sage um einen schwerwiegenden Gefallen. Wenn sie einwilligt, hat das allerdings nicht nur moralische, sondern auch gesetzliche Konsequenzen. Sage steht vor einem moralischen Dilemma. Denn wo verläuft die Grenze zwischen Hilfe und einem Vergehen, Strafe und Gerechtigkeit, Vergebung und Gnade?